Johann Friedrich von Anthing

Versuch einer Kriegsgeschichte des Grafen Alexander

Johann Friedrich von Anthing

Versuch einer Kriegsgeschichte des Grafen Alexander

ISBN/EAN: 9783743302426

Hergestellt in Europa, USA, Kanada, Australien, Japan

Cover: Foto ©ninafisch / pixelio.de

Manufactured and distributed by brebook publishing software
(www.brebook.com)

Johann Friedrich von Anthing

Versuch einer Kriegsgeschichte des Grafen Alexander

Versuch
einer Kriegs Geschichte
des Grafen
ALEXANDER SUWOROW
RYMNIKSKI
Ruſſl: Kayserl: General Feld Marschall

mit Kupfern

IIᵗᵉ Theil
von
Friedrich Anthing

GOTHA 1796.

Inhalt.

Erster Abschnitt.

Zweyter Abschnitt.

zahlreiche türkische Flotte kömmt von Konstantinopel nach Okzakow. Der Graf läßt eine starke Batterie auf Kinburn anlegen. — Fürst Nassau schlägt die Türkische Flotte in dreyen Seeschlachten. Großer Verlust, den die Türken dabey erlitten. Hassan Pascha und der Rest der Flotte gehn nach Konstantinopel zurück. — Okzakow wird vom Fürsten Potemkin belagert. Der Graf bekömmt den linken Flügel der Armee unter sein Kommando. Er wird bey einem Ausfall gefährlich in Hals verwundet. Läßt sich nach Kinburn übersetzen. Ein Pulver-Magazin in Kinburn fliegt in die Luft, verwundet den Grafen. — Okzakow wird mit Sturm eingenommen.

Dritter Abschnitt.

Der Graf kömmt von Petersburg in Jassy an. Uebernimmt das Kommando des Korps bey Berlat. Fürst von Sachsen-Coburg kömmt ohnweit dem Grafen im Lager zu stehn. Sultan Selim besteigt den Thron, und vermehrt die türkische Armee. Coburg giebt dem Grafen Nachricht, daß die Türken gegen ihn im Anmarsche

marſche, und Suworow vereinigt ſich ſchnell mit ihm.
Gefechte der Kavallerie bey der Putna. — Schlacht
bey Forhani; Einnahme der befeſtigten Klöſter St. Samuel und Johannis. Zuſammenkunft Suworows und
Coburgs nach dem Siege. Verluſt der Türken in dieſer Schlacht. Brief Kaiſer Joſephs an den Grafen.

Vierter Abſchnitt.

Der Graf geht ſogleich Tags nach der Schlacht von
Forhani nach Berlat zurück. Erkundigungen werden
eingezogen vom Anmarſch der türkiſchen Haupt-Armee.
Coburg läßt den Grafen bitten, ſich ihm zu nähern,
die Armee unter Kommando des Großveziers gehe auf
ihn los. Durch ſchnelle Märſche vereinigt ſich der Graf
mit ihm. Er beſpricht ſich mit Coburg, und reitet bald
darauf aus zu rekognoſciren. — Schlacht bey Rymnick
mit dem Heer des Großveziers von 90,000 Mann, die
zwölf Stunden dauert. Großer Verluſt der Türken.
Die türkiſche Armee geht bald darauf über die Donau
zurück und zerſtreut ſich. Coburg trennt ſich vom Gra-

fen.

fen. Suworow wird zum rußischen und Reichsgrafen
ernannt. — Briefe vom Kaiser Joseph und der rußischen Kaiserin an den Grafen.

Fünfter Abschnitt.

Der Graf geht nach Berlat zurück. Stiftet Freundschaft mit dem Seraskier in Brahilow. Coburg liegt
ohnweit dem Grafen in Winter-Quartieren. Sein Korps
wird ansehnlich verstärkt. — Hassan Pascha, als Großvezier, thut Friedens-Vorschläge, sie werden aber durch
seinen Tod vernichtet. Der neue Großvezier setzt über
die Donau. Suworow verläßt die Winter-Quartiere,
und bald darauf schreibt ihm Coburg; er nähert sich
ihm mit schnellen Märschen bey Bukarest. Brief vom
Kaiser Leopold. Der Waffenstillestand bey Reichenbach
ändert das ganze System. Suworow verabschiedet sich
von Coburg, und geht zurück. Die Ruder-Flotte läuft
in die Donau ein. Brief vom Prinz Coburg. Dulcia,
Killa und Isaccia werden eingenommen. General Gu-
dewltsch und Admiral Ribas nähern sich Ismail. Die
Be-

Belagerung wird der späten Jahreszeit wegen bald
aufgehoben.

—————

Sechster Abschnitt.

Suworow erhält Befehl, Ismail einzunehmen.
Er setzt sich sogleich in Marsch. Läßt die abziehenden
Truppen umkehren. Rekognoscirt bis nahe unter die
Festung. Vorbereitungen zum Sturm. Batterien werden angelegt, um den Sturm zu masquiren. Umfang
der Festung Ismail. Stellung der Belagerungs-Trup-
pen. Stärke der Türkischen Besatzung. Aufforderung
der Festung. Antwort des Seraskiers. Zweyte Aufforderung. Harangue des Grafen an die Generals und
das Militair. Vertheilung der Kolonnen zu Land und
zu Wasser. Signal zum Sturm. Nach starken Widerstand werden die Wälle überstiegen und eingenommen.
Ausfall der Türken. Blutiges Gefechte auf den Straßen und öffentlichen Plätzen. Einnahme der vielen befestigten Gebäude. Wichtigkeit der Einnahme und
große türkische Niederlage. Feyerlichkeiten nach der

A 3   Ein-

Einnahme. Brief vom Kaiser Leopold. Reise des Grafen nach Petersburg.

———

Siebenter Abschnitt.

Suworow bereist die schwedischen Grenzen. Bekömmt das Kommando der in Finnland stehenden Landtruppen, und der am Finnländischen Ufer liegenden Flotte. Legt mehrere Befestigungen in jener Gegend an. Der Friede mit den Türken wird geschlossen. Der Graf bekömmt das Kommando der Armee längs der türkischen Grenze und reist nach Cherson ab. Brief der Kaiserin an ihn bey Gelegenheit der Friedens-Feyer.

———

Zwey=

Zweyter Theil.

Erster Abschnitt.

Inhalt.

Bald nachdem der Graf zur Würde eines Generals en Chef erhoben worden (im Sept. 1786), verreiste er von Petersburg nach Krementschuk. Fürst Potemkin befand sich daselbst, der als Statthalter, seine neuen Gouvernements Katerinoslav und Taurien (sonst die Crimm genannt) besahe. Da wo er sich verweilte, wurden glänzende Feste gegeben, und bey seinem Aufenthalt machte er zugleich die Vorbereitungen zur bevorstehenden Reise Sr. Majestät in diese Provinzen.

Die

Die Monarchin mit ihrem glänzenden zahlreichen Hofstaat, und mehrern ausländischen Ministern, traf in Kiow ein (Ende Febr. 1787), wohin Fürst Potemkin und der Graf gleichfalls abgingen. Feldmarschall Romanzow als dasiger Generalgouverneur war gegenwärtig, und da der Hof mehrere Wochen sich in Kiow aufhielt, so fanden sich viele des vornehmsten Adels, die in jener Gegend wohnten, daselbst ein.

Der König von Polen kam bis auf die Grenze nach Kanief am Dnieper, weil er nach den polnischen Reichsgesetzen nicht über dieselbe gehen durfte. Die Personen im Gefolge der Monarchin machten ihm die Aufwartung, und der Graf, den er schon vom Konföderationskriege her kannte, wurde sehr gut von ihm empfangen. Einige Tage nachher besprach sich die Kaiserin mit ihm auf einem Schiffe im Dnieper.

Während des Aufenthalts der Monarchin in Kiow, kommandirte der Graf das am Bog liegende Korps, bey welchem er noch nie gestanden hatte; es geschahe auf besondern Befehl der Kaiserin, und damit er nie ohne Kommando seyn möchte.

Bald

Bald nach Oſtern ſetzte ſie ihre Reiſe weiter fort nach Taurien. Der Graf hatte das Glück in ihrem Gefolge Joſeph den Zweyten (unter dem Namen eines Grafen von Falkenſtein) in Cherſon zu ſprechen. Der Kaiſer unterhielt ſich oft mit ihm, und beſonders über politiſche und militäriſche Gegenſtände. Bey ſeiner erſten Unterredung mit ihm, und wo er eine weiße Uniform trug, kannte ihn der Graf nicht, und hielt ihn für einen Kaiſerl. Offizier.

Als die Kaiſerin von Cherſon nach Taurien abreiſete, ging der Graf nach Blankitna, zehn Meilen von Cherſon auf dem Wege nach Pultawa, wo er das Kommando über ein Korps Kavallerie erhielt, mit welchem er bey ihrer Zurückkunft ihr die Honneurs abgab. Er begleitete ſie bis Pultawa, wo ſie ihn verabſchiedete, und wo er eine mit Brillianten beſetzte Doſe mit dem Namenszug der Monarchin zum Geſchenk erhielt. Fürſt Potemkin kehrte nach ſeinem Gouvernement zurück, und bekam den Beynamen Tauritſchefski.

Er verreiſte nachdem auf ſeine vom Fürſten Lubomirski neuerlich gekauften Güter an der polni-

A 5　　　　ſchen

ſchen Grenze Smeale, wohin ihn der Graf begleitete, und im Auguſt wurde er von ihm abgefertigt,
um das Cherſoniſche Korps und die Kinburniſche
Seite zu kommandiren.

Das türkiſche Kabinet, durch andere Mächte
aufgewiegelt, war unruhig, als der ruſſiſche Abge-
ſandte Bulgakow aus Konſtantinopel nach Cherſon
ſich begeben hatte, um der Kaiſerin ſeine Unterthä-
nigkeit zu bezeigen. Er mußte nach wenigen Tagen
plötzlich wieder zurückkehren, wo er fand, daß die
Kriegsparthey im Divan vollkommen die Oberhand
genommen hatte.

Seit etlichen Jahren kam jeden Sommer eine
türkiſche Flotte unter Ofzakow; dieſes Jahr war ſie
ſehr zahlreich. Sie beſtand aus 11 Schiffen von
der Linie, 7 Fregatten, 8 Schebecken, 5 Kirlangitſchen und 25 Kanonirböten.

Die Cherſoniſche Flotte war der türkiſchen an
Anzahl nicht gewachſen, noch in Stand geſetzt um
auslaufen zu können. Sie ſtand am weſtlichen Ufer
des Liman's fünf Meilen von Cherſon nach Ofzakow
zu. Kurz vorher waren zwey Schiffe in Cherſon
von

vom Stapel gelaſſen, St. Joſeph und Wolodimer (erſteres nach dem Namen des Kaiſers der beym Ablaufen gegenwärtig war), beyde waren noch nicht bewaffnet.

Der Graf that mehrere Reiſen von Cherſon aus in die umliegenden Gegenden, und traf die nöthigen Anſtalten in Verlegung der Truppen, falls die Türken einen Angriff zu Lande oder eine Landung machen wollten. Die Ufer des Dnieſters und Bogs beſetzte er ſtark, beſonders da auf letzterm viele Ueberfahrten und Uebergänge ſind. Am meiſten trug er Sorgfalt für die Kinburniſche Erdzunge. Hier ſtanden zwölf Eskadrons leichte Reuterey, zehn Eskadrons Dragoner, und vier Regimenter Koſaken; und vier Bataillons Musquetiers lagen ganz nahe an Kinburn.

Kinburn hat zur Befeſtigung ſehr ſchwache Mauern, um dieſelben ein Glacis von Erde, faſt keinen Graben, den man auch nicht vollenden kann, weil das Waſſer alſobald von unten hervortritt, da der Boden ſehr ſandig iſt. Nahe am Glacis auf der einen Seite iſt der Dnieperſche Liman, auf der andern,

andern, das ſchwarze Meer. — Nur eine Fregatte
und ein Boot von zwölf Kanonen befanden ſich auf
der Rhede von Kinburn.

Aus Kinburn nach Okzakow (zwey Meilen über
den Liman) war Kommunikation, und es wurde
Briefwechſel unterhalten. Eines Tags ſchickte der
Kinburnſche Kommendant Obriſter Dunzelmann,
einen Offizier an den Okzakowſchen Paſcha. Nach
der Unterredung ließ der Paſcha die Anweſenden ſich
entfernen, und fragte den Offizier, was gegenwär=
tig für Nachrichten eingelaufen? — Dieſer wußte
ihm nichts zu ſagen; — der ehrliche Paſcha erzählte
ihm darauf, daß die unruhigen Köpfe in Konſtanti=
nopel Rußland den Krieg erklärt hätten, man
werde des nämlichen Tages ihre leichte Flotte ma=
növriren ſehen, und bald darauf würden ſie die
beyden ruſſiſchen Schiffe angreifen. Beym Abſchied
gab er dem Offizier einen Tſchauſch (Polizeybedien=
ten) zur Begleitung. Auf der Straße wollten
zwey Türken ihn anfallen, der Tſchauſch ſchlug ſie
aber zurück, und der Offizier kam glücklich wieder
nach Kinburn.

Was

Was der Paſcha geſagt, ging vollkommen in Erfüllung. Nach den Evolutionen des folgenden Nachmittags (den 19. Auguſt) geſchah ein ſchneller Angriff auf die Fregatte und das Kanonenboot, mit mehrern türkiſchen Kirlangitſchen und Böten. Das Gefechte dauerte eine geraume Zeit; das Boot, welches nicht ſo ſchnell nachkommen konnte, wäre bald abgeſchnitten worden, aber der Offizier, der es kommandirte, gab dem nächſten ihn verfolgenden Boot zur rechten Zeit eine ganze Lage, daß es bald darauf ſank, und die übrigen ſich nicht mehr nähern wollten. Auch außer dieſem war eins ihrer Böte geſunken. Die beyden ruſſiſchen Schiffe, die ſehr beſchädigt waren, ſchlugen ſich glücklich durch und kamen nach Glubofa, wo ſie ausgebeſſert wurden.

So war der Anfang des Kriegs, deſſen Feindſeligkeiten ausbrachen, ehe noch die Kriegserklärung bekannt war. Die ruſſiſchen Leuchtfeuer brannten nunmehr die ganze Nacht, und der Graf beſchloß für ſeine Perſon in Kinburn zu verbleiben; — das Kommando in Cherſon trug er dem General Bibikow

kow auf.   Das ganze Korps beſtand aus ohngefähr
30,000 Mann.

Da dem Grafen nicht nur am Hafen Glubofa,
ſondern auch an der Sicherheit der Marine in Cher=
ſon ſehr viel gelegen war, indem die Türken mit
ihrer überwiegenden Macht zu Waſſer, unerſetzlichen
Schaden hätten zufügen können, — ſo ließ er unter
dem Hafen Glubofa eine ſtarke Batterie, von ·24
achtzehn und vier und zwanzig Pfündern anlegen,
um die beyden Varwaters zu beſtreichen, und auf
den Inſuln unter Cherſon fünf dergleichen von
geringerer Anzahl Kanonen, welche Kreuzfeuer
geben konnten.

Die Türken nahmen ein Proviantboot weg,
und am Ausfluß des Bogs überfielen ſie in einer
Schenke etliche zwanzig Koſaken und Ukrainer
Bauern, die ſie faſt alle niederhaueten oder gefan=
gen wegführten.

Das Bombardement von Kinburn nahm ſeinen
Anfang, und dauerte mehrere Tage faſt ununter=
brochen.   Drey Bomben waren in des Kommen=
danten Kaſerne gefallen, und ein Stück von des

Grafen

Grafen Zeit wurde durch eine zerborſtene Bombe
abgeriſſen. — Zwey leichte türkiſche Fregatten, die
ſich zu nahe wagten, litten viel vom Feuer der
Feſtung, und die Schiffe vom Rang hielten ſich alsdann in einer größern Entfernung.   Eins davon
flog mit der ganzen Mannſchaft in die Luft, durch
Unvorſichtigkeit der Schiffsequipage.

Eines Tags ging der Graf bey den Batterien
der erſten Polligone ſpatzieren, er ſahe in der Ferne
vom Hafen Gluboka ein Schiff mit vollem Wind
herbeyſegeln, und ſich der Feſtung Okzakow nähern,
er glaubte nicht anders als daß es vom Anker los-
geriſſen; — aber unvermuthet griff es mehrere leichte
türkiſche Schiffe an, brachte ſie zum Weichen, und
beſchoß ſogar einige Linienſchiffe, welche nahe unter
der Feſtung lagen.   Es nahm ſeinen Weg zurück
nach Kinburn, wurde ſchwach verfolgt, vertheidigte
ſich, und kam unbeſchädigt auf dieſer Seite an.
Es war eine Galeere, welche der muthvolle Lieutenant Lombard, ein Malthéſer kommandirte, der deshalb ſehr gütig vom Grafen aufgenommen wurde.

Dieſe Galeere that ſehr gute Dienſte; mehrere
male griff Lombard die türkiſchen Linien oder Halb-

zirkel

zirkel an, in welchen sie sich gestellt hatten, und zerstreuete sie. — Das Räthselhafte davon hat sich
nachdem erklärt; — weil man nicht glauben konnte,
daß ein gewöhnliches Schiff sich so muthig gegen die
Uebermacht wagen könnte, so hatten es die Türken
für einen Brandter gehalten.   Da der Graf be-
sorgte, daß Lombard zu viel wagen, und einmal
verloren gehen möchte, hatte er befohlen, daß er
ohne besondere Erlaubniß nie auslaufen sollte. Dennoch schlich er sich frühe den 20. Septemb. am Ge-
burtsfest des Großfürsten (der Großadmiral der
Flotte ist) vom Ankerplaß, ging auf die türkischen
Bombardirschiffe los, trieb ihrer viele aus der Reihe
und verfolgte sie bis an ihre Linienschiffe; kam glücklich zurück, und gab zur Freudensbezeugung ein
Frühstück auf seiner Galeere.

Zu Ende dieses Monats ging Contreadmiral
Woinowitsch aus Sewastopol in die See, nach der
Gegend von Varna.   Seine Flotte bestand aus
zwey Linienschiffen, drey Fregatten und zwölf kleinen
Schiffen.   Er wurde von einem starken Sturme
überfallen, welcher die Flotte zerstreuete, das Schiff
Maria

Maria Magdalena von 66 Kanonen, welches außer=
ordentlich an Masten und Takelwerk beschädigt war,
nach dem Kanal von Konstantinopel trieb, dessen sich
die Türken bemeisterten, und eine Fregatte sank mit
der ganzen Mannschaft. Kaum hatten sich seine
Schiffe versammelt, so traf die türkische Flotte auf
ihn, es kam zu einem Gefechte, und ungeachtet der
verlornen und noch nicht ausgebesserten Schiffe, be=
hielt er die Oberhand, und kam glücklich zurück.

Von der Seite von Gluboka zeigten sich die
russischen Kanonierböte und Doppelschaluppen, deren
Avantgarde vorrückte, um die Türken anzulocken,
und sie dann auf dem rechten Zeitpunkt anzugreifen.
Sobald die Türken die kleine Flotte annähern sahen,
gingen sie mit allen ihren Kanonirböten und Kirlan=
gitschen darauf los. Lombard drang mit seiner Ga=
leere ein, und ob sie gleich stark beschädigt wurde,
so gelang es ihm doch, einen Theil ihrer Arriergarde
abzuschneiden, und nach Okzakow zurückzutreiben.
Dieser Vorgang ging übrigens ohne einen Haupt=
erfolg vorüber, an keiner von beyden Seiten wurde
viel ausgerichtet.

II. Theil.   B   Den

Den letzten September beschossen die Türken Kinburn viel stärker als je vorher; von Mittag bis spät in die Nacht dauerte es ununterbrochen. Der Graf ging auf der Erdzunge herum (an ihr Schießen war man schon gewöhnt) und bemerkte genau ihre Bewegungen, aus denen sich vermuthen ließ, daß sie wirklich Ernst, und auf Kinburn eine Descente machen wollten. Er befahl, daß russischer Seits kein Schuß gethan würde.

Die Türken fingen ihr stärkeres Bombardement schon mit Tages Anbruch an. Sie wurden nicht beantwortet, selbst der Reveilleschuß wurde blind gethan. Mehrere Bomben und Kugeln trafen in die kleinen Lager, und einige Zelter wurden davon umgeworfen. Es war desselben Tages ein Kirchenfest, und der Graf mit vielen Offizieren wohnte der Messe bey. Unterdessen zeigten sich die türkischen Saborocher, gegen dreißig Böte stark, und fuhren den Liman bis drey Meilen über Kinburn hinauf, wo die Kosaken in einer Gegend von Sandhügeln standen. Die Saborocher stiegen ans Ufer, einige Kosaken glaubten, daß sie Ueberläufer wären und

sich

III.

Gefechte
auf der Halb Insel
Kinburn
1. Oct: 1787

Ueberfall der Türken auf Kinburn.

Den $\frac{1}{12}$. October 1787.

Erklärung der Zeichen.

1. Anten-Schiffe der Türken.
2. Fregatten.
3. Kanonier-Schaluppen.
4. Türkische Trancheen gegen die Festung.
5. — Kanonier-Schaluppen.
6. Estakade zur Sicherheit ihrer Flotte.
7. Rußische Galeere.
8. Zwey Schebeken.
9. Niederlage der Türken auf dem Lande.
10. Ins Meer gedrängte und ertrunkene Türken.

a. Musquetier vom Orlowschen Regiment.
b. — vom Schlüsselburgischen Regiment.
c. Fünf Kompagnien vom Orlowschen Regiment.
d. Reserve. Das Regiment Koselow.
e. Zwey Kompagnien Murunischer Infanterie.
f. Eine Kompagnie Schlüsselburgischer —
g. Donische Kosaken.
h. Zwey Eskadrons leichter Reuter.
i. Donische Kosaken.
k. Reserve, leichte Reuter.

ſich ergeben wollten, weil ſeit etlichen Jahren mehrere von ihnen entlaufen waren; — ſie ſchrien dies
den Saborochern zu, — aber dies war nicht ihre
Abſicht.   Es kam zu einem kurzen Gefechte, und ſie
wurden auf ihre Kähne zurückgejagt. — Die Türken hatten vermuthet, der Graf würde von ſeinen
regulairen Truppen gegen ſie abſchicken, und ſich
alſo um ſo viel an Mannſchaft ſchwächen, er hatte
ſich aber durch dieſe Diverſion nicht irre machen
laſſen.

Es war Morgens um neun Uhr, da die Landung
anfing, und die Türken ihre Truppen ausſchifften.
Ingenieur Lavitte dirigirte die Descente.   Die Ruſſen ſetzten ihnen keine Hinderniſſe entgegen, ſondern
ließen ſie alle ans Ufer.   Auch ihre ganze Seemacht,
große und kleine Schiffe näherten ſich in verſchiede-
ner Entfernung, und an der Spitze der Erdzunge,
eine halbe Meile von der Feſtung, hatten ſie eine
Eſtakade angelegt, um dahinter ihre Schiffe zu decken.

Die ans Land geſetzten Truppen, waren die
auserleſenſten der Ozakower Beſatzung, gegen 6000
Mann, ſämtlich Fußvolk.   Um ihren Muth noch

mehr

mehr anzuspornen, hatte der kommandirende Pascha
Befehl gegeben, daß sich die Transportschiffe zurück-
ziehen sollten, sobald die Mannschaft ausgeschifft,
so daß ihnen also nichts übrig blieb, als tapfer zu
fechten, oder, wenn sie fliehen wollten, im Meere
umzukommen. Das Korps, das ihnen die Russen
entgegen setzten, bestand in allem, aus weniger denn
tausend Mann Infanterie, vier Kosaken-Regimen-
tern, und tausend Mann regulairer Kavallerie
kamen nach.

Sobald sie auf dem Lande waren, fingen sie
sogleich an Logementer zu arbeiten, funfzehn hinter
einander, denen sie aber nicht die gehörige Tiefe
geben konnten, weil das Wasser alsobald aus dem
Boden, der ganz sandigt ist, hervorkam, weswegen
sie aus Vorsicht Säcke mitgebracht hatten, die sie
mit Sand füllten, deren sie sich statt eines Walles
bedienen konnten.

Es war Mittag; ihre Derwische hielten Gebete
und sie verrichteten die gewöhnlichen Ablutionen
(Waschen) im schwarzen Meer und im Liman; —
sie besetzten darauf die Abschnitte, und fingen an
näher zu rücken. Der Graf hatte befohlen, nicht

eher

cher auf sie zu schließen, noch einen Ausfall zu thun, bis sie sich auf 200 Schritte dem Glaßis würden genähert haben. Das Signal war eine Kanonen salve von allen Poligonen der Festung, die nach dieser Seite lagen. Ein Uhr Nachmittag war der Vortrab der Türken in der vorbenannten Entfernung. Das Signal wurde gegeben; Obrister Iselow mit seinem und einem andern Kosaken-Regimente, welche hinter Kinburn standen, und zwey Eskadrons leichter Reiter, umritten die Festung links am Ufer des schwarzen Meeres, fielen den Vortrab an, der aus etlichen hunderten bestand, die Sturmleitern bey sich hatten, die meisten wurden gespießt oder niedergehauen, nebst dem Jus Pascha, der sich nicht ergeben wollte. Dieser Pascha, der sie anführte, kannte Kinburn vollkommen, weswegen er diese Seite anfallen wollte, die die schwächste war.

Zu gleicher Zeit mit der Reiterey that das Orlowsche Infanterie-Regiment einen Ausfall aus dem Thore der Festung, drang auf ihre rechte Seite ein, warf sich in die Logementer, stach mit Bajonets nieder, was sich darin befand, und reinigte sie bis über die Hälfte. Man beschoß die Ausfallenden

B 3 stark

stark von den Schiffen, aus mehr denn 600 Kano=
nen, von Vorne und durch die Flanken, doch ohne
großen Schaden.   Der Kosaken Obrist Orlow und
Illoweiski waren unterdessen auch mit ihren Kosaken=
Regimentern angekommen, und nahmen den näm=
lichen Weg wie die vorige Kavallerie, am Ufer des
schwarzen Meeres.   Sie hielten sich muthig und
thaten ununterbrochene Anfälle.   Die Orlowschen
Bataillons verloren viel Volk.   Der Graf ließ zwi=
schen ihre Reihen die Reserve, zwey Kaselowsche
Bataillons anrücken.   Generalmajor Reck, der sie
anführte, wurde stark am Bein blessirt und weg=
getragen.   Diese Bataillons hielten wenig Stand,
wie auch die zwey Reserve= Escadrons leichter Rei=
ter.   Alle zeigten den Rücken und unaufhaltlich ver=
folgten sie die Türken mit Dolch und Säbel in der
Faust.   Dem Pferde des Grafen war durch eine
Kanonenkugel das Maul weggeschossen, und er be=
fand sich zu Fuße; er schrie einem Türken zu, der ein
Pferd erbeutet hatte, und den er für einen Kosaken
hielt (weil die Türken keine Kavallerie am Lande
hatten), ihm sein Pferd zu geben; der Türke wollte
an ihn, schon hatte er seinen Säbel gehoben und
wollte

wollte dem Grafen den Kopf spalten, als ein Mus=
quetier Nowikow herbeysprang, den Türken mit dem
Bajonet vom Pferde warf, und dem Grafen das
Leben rettete.

Der Stand der Russen wurde gefährlich, und
die Uebermacht drängte sie immer mehr nach dem
Glaßis zurück. Zuweilen gewonnen sie wieder
etwas Vortheil und Platz gegen die Türken, aber
sie konnten nicht so weit kommen als sie vorher ge=
wesen; sie wurden wieder umgeworfen, weil sich die
Türken sehr verstärkt hatten. Das Niedermetzeln
war nun allgemein, aller Orten sahe man Verwun=
dete und Tode. Die Kanonen auf beyden Seiten
schwiegen fast gänzlich, weil die beyderseits Truppen
zu sehr vermengt waren.

Jetzt zeigte sich ein neuer Auftritt; eine türkische
Schebecke und ein Kanonirboot, welche zu nahe ans
Ufer gekommen, wurden von der Festung aus in
Brand geschossen, und flogen mit schrecklichem Ge=
töse in die Luft.

Schon fing sich die Abenddämmerung an, als die
zehn Eskadrons leichter Reiter, welche vier Meilen

hinter

hinter Kinburn gestanden, ankamen, und auf die
Türken, wegen Mangel des Platzes, in Masse ein-
hauten; die Infanterie erholte sich wieder, die Kosaken standen an der Seite des Meeres und kamen
ihnen in die Flanken, und nun wurden sie mit vereinigten Kräften zurückgetrieben. Sie wehrten sich
mit äußerster Anstrengung und sprangen auf Menschen und Pferde, deren sie viele verwundeten.
Zuweilen sah man zwischen ihnen die fast rasenden
Derwische (deren funfzig gewesen), die alle bis auf
den letzten niedergehauen wurden.

Die kalte Nacht ohne Mondlicht fiel ein. Ein
murunisches schwaches Bataillon, kaum 300 Mann
stark, welches von der Chersonschen Seite sehr müde
ankam, und zwey Reservekompagnien, welche bey
der Bagage hinter Kinburn standen, kamen von der
Seite des Liman noch zu ihnen, und gaben dem
Gefechte vollends den Ausschlag.

Die Türken, wie sie bis gegen die See getrieben
wurden, wendeten sich voll Verzweiflung um, und
griffen mit Wuth die sie am nächsten verfolgende
Infanterie an; eine halbe Stunde dauerte ihr letz-
tes Feuer, und nunmehr wurden sie gänzlich zurück-

geschla-

geſchlagen, haufenweiſe niedergemacht, und völlig nach der See gedrängt. Alle Verſuche, die ſie anwendeten, da ſie die vorderſten in der See ertrinken ſahen, noch umzukehren, waren fruchtlos. Einige wollten ſich ſogar durch Schwimmen nach Ofzakow retten, ſie kamen aber um wie die übrigen. Gegen zehn Uhr des Nachts, nach einem neunſtündigen Gefechte, war alles vorüber; die geringe Anzahl hatte gegen eine noch einmal zahlreichere gefochten, und was von den Osmannen nicht auf den Boden geſtreckt war, lag im Meer; nur wenige retteten ſie.

Während der Aktion, vor der Abenddämmerung, bekam der Graf einen Musquetenſchuß durch den linken Arm. Es blutete ſtark, und kein Chirurgus war gegenwärtig, der ihn verbinden konnte. Er ritt gegen das ohnweit ſeyende Ufer der See. Ein Koſaken-Offizier Kutenikow, von noch einigen Mann begleitet, wuſch ihm die Wunde und das Hemd mit Seewaſſer, verband ſie mit ſeinem Halstuch, und nachdem der Graf das Hemd umgewendet, den trocknen Ermel an den verwundeten Arm, ſetzte er ſich wieder zu Pferde und ritt zu den übri-

B 5   gen.

gen. Dieser Offizier, und die vom Anfang um den
Grafen gewesenen, waren alle verwundet, so daß bey
ihm nur allein der auf Ordonanz genommene leichte
Reiter Tischenko unverwundet blieb, den er wegen
seiner geleisteten Dienste zum Wachmeister avancirte.

Nachdem alles geendigt war, befahl der Graf
seiner Mannschaft nach Kinburn umzukehren. —
Auf einmal hörte man wieder Kanonenfeuer von der
Festung, welches aber nicht lange dauerte. Die
türkischen Saborocher, welche auf Kinburn nicht
zum Gefechte gekommen waren, und welche glaubten, die Festung sey ganz unbesetzt, hatten sie von
der Hinterseite angefallen; sie wurden aber bald
zurückgetrieben.

Der Graf war sehr entkräftet als er in der
Festung ankam. Er ließ sich sogleich seine Wunde
ordentlich verbinden, es wurde ihm etwas zu essen vor-
gesetzt, aber er war sehr schwach und fiel in Ohnmacht.

Der Verlust auf russischer Seite an diesem Tage,
war gegen 200 Mann an Todten, unter welchen zehn
Staab-

Staab= und Oberoffiziere, und 800 Mann verwun=
det.   Die Türken, welche bey 6000 Mann gelan=
det, retteten in allem kaum 700 Mann; alle übri=
gen lagen auf dem Platz oder waren ertrunken.
Von 600 Verwundeten, die gerettet wurden, kamen
nur 130 Mann davon, die übrigen ſtarben an Wun=
den und hitzigen Fiebern, weil ſie zu lange im Waſſer
gelegen hatten.   Unter den Todten war ein franzö=
ſiſcher Ingenieur; Lavitte aber, der angeführt, hatte
ſich ſchon vor der Nacht davon gemacht a).

Generalmajor Jelenief, der acht Meilen hinter
Kinburn geſtanden, kam mit einer Reſerve von zehn
Eskadrons Dragonern an; nachdem die Sache ſchon
vorüber war, ſie wurden alſo nicht mehr gebraucht.

Die Türken hatten ſich auf ihren Schiffen ſo
ſehr verſchoſſen, daß ſie am Ende ganz aufhörten zu
ſchießen; und da der gemachte Verſuch ſo fruchtlos
geweſen, ſo thaten ſie nachher bis zu ihrem Rücklauf
nach den Dardanellen, keinen Schuß mehr auf die
Feſtung;

---

a) Die Zahl der Gebliebenen und Verwundeten von beyden Seiten, gebe
   ich jedesmal wörtlich ſo an, wie ſie in den Hofrelationen iſt be=
   nannt worden.

Feſtung; ſo daß man auf der Erdzunge ohne die mindeſte Gefahr herumgehen konnte.

. Gegen Anbruch des folgenden Tages, da der Graf ganz wieder zu ſich gekommen war, befand er ſich auf der Feſtungsmauer, und ſahe, daß die Türken noch einzelne der Ihrigen, ſowohl Verwundete als Todte von der Spitze der Erdzunge wegſchleppten. Iſelow mit ſeinen Koſaken wurde dahin abgeſchickt, welcher ſie wegtrieb, und kurz darauf ging ein klei= nes Transportſchiff, das ſie mit Menſchen überladen hatten, vor ſeinen Augen unter.

Dieſer ganze Tag wurde zugebracht, die todten Körper einzuſcharren und Vorkehrungen zu treffen wegen der Verwundeten; Tags darauf war Gottes= dienſt und feyerliches Dankfeſt für den gewonnenen Sieg. Schon früh ſtanden die Truppen unter Ge= wehr, und dehnten ſich von der Spitze der Erdzunge längs dem Ufer des Liman's, in verſchiedenen Ab= theilungen weit über die Feſtung Kinburn hinaus. Während dem Geſang machten ſie ein dreymaliges Lauffeuer aus allen Kanonen und dem kleinen Ge= wehr; ſelbſt die mehreſten Verwundeten ſtanden mit

in

in der Reihe, und der Graf befand sich auf der Festungsmauer, von wo er zusahe. Da die Fronte der Linie nach Okzakow gerichtet war, wo man das Feuern bey der nahen Entfernung sehr wohl hören konnte, so sahe man eine Menge Türken aus Okzakow ans Ufer kommen, die dann in der Ferne das Freudenfeuer ihrer Sieger mit anhörten.

Bey dem Bruche des Friedens war wohl allerdings die Absicht der Türken, sich Kinburn als eines wenig befestigten Ortes wie im Vorbeygehn zu bemeistern, und durch den Besitz jener Erdzunge würde Cherson und die Crimm ihnen wieder zur Beute geworden seyn, und die Flotte zu Gluboka b) und den Marinedepot in Cherson würden sie zerstreut oder verbrandt haben.

Aber

b) Die Flotte zu Gluboka bestand damals aus den Linienschiffen Joseph und Wolodimer, die noch nicht armirt; zwey andern Schiffen von 54 Kanonen; einem von 40; drey Galeeren; drey Batterien und 20 kleinern und Transportschiffen. Die türkische Flotte unter Okzakow bestand aus drey Linienschiffen, einer Fregatte, acht Schebecken und 32 Galeeren und Kanonirböten.

Aber alle jene Hoffnungen ſcheiterten durch den jetzt fehlgeſchlagnen Verſuch, und die Nachricht davon verbreitete eine allgemeine Beſtürzung in Konſtantinopel, um ſo mehr, da die Pforte des Siegs glaubte gewiß zu ſeyn, indem ſie den Ruſſen ohne vorhergegangene förmliche Kriegserklärung keine Zeit gelaſſen, Vorkehrungen zur Vertheidigung zu treffen, und die Beſatzung in Okzakow, die ſie ſeit einigen Jahren daſelbſt ſtehen laſſen, auserleſene Mannſchaft war.

Von der Monarchin erhielt der Graf ausgezeichnete Beweiſe ihrer Zufriedenheit, und einen eigenhändigen, ſehr gnädigen Brief folgenden Inhalts c):

Alexander Waſilowitſch.

Es wurde heute zum erſtenmal nach Erklärung dieſes Kriegs für den uns den 1. Oktob. geſchenkten Sieg, ein feyerliches Lob Gottes in Unſerer Gegenwart abgeſungen. Die Thaten des Eifers und unermüdeten Sorgfalt, die Thaten und Beyſpiele der

Tapfer-

---

c) Aus dem Ruſſiſchen überſetzt.

Tapferkeit, welche bey Vertheidigung von Kinburn, von Ihnen und den übrigen Ihren Befehlen anvertrauten Truppen verrichtet worden, wurden darauf öffentlich vorgeleſen. Die Berichte unſers Feldmarſchalls Fürſten Potemkin Tauritſchewski, ſind mit dieſen löblichen Beweiſen angefüllt. Wir nehmen bey dieſer Gelegenheit ſelbſt die Feder, um Ihnen und allen mittlern und niedern Ständen, welche zu dieſem Siege beygetragen, unſer wahres Vergnügen und Dankbarkeit zu verſtehn zu geben. Ihre Wunden ſind uns ſchmerzlich; wir bitten Gott, daß dieſe Wunden, die Sie bey Vertheidigung der Religion und der Grenzen des Reichs bekommen haben, bald heil werden, wodurch auch die Krankliegenden ſchnellere Fortſchritte zu ihrer Wiederherſtellung machen werden. Wir verbleiben mit vorzüglicher Gewogenheit gegen Sie wohlgeſinnt.

Petersburg,   **Katharina.**
den 17. Octob. 1787.

Einige

Einige Wochen darauf wurde ihm auch neſſt einem zweyten Schreiben, der Andreasorden — der erſte des Reichs, zugeſchickt, nebſt ſechs Georgenkreuzern, um ſie für diejenigen nach eigener Wahl zu beſtimmen, die ſich am meiſten hervorgethan hatten. Viele Offiziers wurden avancirt, und unter die gemeinen Soldaten wurden 200 ſilberne Medaillen vertheilt, und überdem bekam ein jeder noch ein Geſchenk an Geld.

Die Beſaßung von Okzakow mochte aus 12,000 Mann Janitſcharen und anderer Infanterie, und keiner ſtarken Kavallerie beſtanden haben. Von dieſer Beſaßung war die Hälfte und der Kern verloren gegangen. Viele von den Einwohnern entfernten ſich von Okzakow, da ſie glaubten, die Ruſſen würden nun alſobald darauf losgehn, welches aber der ſpäten Jahrszeit wegen nicht geſchahe. — Den 20. Oktob. ging die ganze türkiſche Flotte zurück nach Konſtantinopel.

Kurz vorher riß ſich bey ſtarkem Winde eine der ruſſiſchen Waſſerbatterien vom Anker los, wurde von den übrigen getrennt, und fiel den Türken bey

Hadgibay

Hadgiban in die Hände. Zufälliger Weiſe befand
ſich auf derſelben der muthige Lieutenant Lombard,
der das Unglück hatte, türkiſcher Gefangener zu
werden.

Der Graf ließ bald nach der Schlacht einige
Kommunikationsredouttes aufwerfen, beſetzte ſie mit
hinlänglicher Mannſchaft, und verlegte die Truppen
in die Winterquartiere. Die Schwäche der Feſtungs-
werke war ihm bekannt; ſobald alſo der Liman ge-
froren, ließ er, um gegen allen Ueberfall aus Ofzakow ſicher zu ſeyn, längs dem Ufer das Eis brechen,
und er ſelbſt verblieb in Kinburn.

Zweyter Abschnitt.

Inhalt.

Nach der gemachten neuen Vertheilung der Armee
bekam der Graf (im Frühjahr 1788) auch die
Segel- und Ruderflotte des schwarzen Meeres, zu
seiner Division hinzu, welche seit dem vorigen Jahr
durch die Anstalten des Fürsten Potemkin beträchtlich vermehrt worden. Erstere, unter Kommando
des Contreadmiral Paul Jones, bestand aus fünf
Linienschiffen zu 66 bis 80 Kanonen, und acht Fregatten;

gatten; leßtere unter dem Fürſten von Naſſau-
Siegen, beſtehend aus 65 leichten Schiffen, Ga-
leeren, Waſſerbatterien, Schaluppen, Landſons,
Kanonirböten und 80 Saborocherböten zu einer
Kanone, auf welchen 3000 Koſaken, — in allen
hatte dieſe zweyte Flotte 400 Kanonen am Bord.

Gegen Ende des May kam die türkiſche Flotte
von Konſtantinopel unter Okjakow, und der berühmte Großadmiral Haſſan Paſcha kommandirte
ſelbſt.   Sie beſtand aus zehn Linienſchiffen, ſechs
Fregatten, vier Bombarden, ſechs Schebecken,
funfzehn Kanonirböten, neunzehn Kirlangitſchen und
neun Felucken. —   Auf der Höhe in der See, ſechs
Meilen vom Lande, hatte er eine zweyte etwas
ſchwächere Flotte verbleiben laſſen, dieſe beſtand aus
acht Linienſchiffen, acht Fregatten, ein und zwanzig
Schebecken und drey Bombarden.

Wie das türkiſche Geſchwader ſich dem Ufer
näherte, hielt ſich Kapitain Sacken mit ſeiner Dop-
pelſchaluppe unter Kinburn auf.   Es war ihm befohlen worden, ſich nach Glubofa zu begeben, er

verweilte aber, wollte sich Ruhm erwerben und setzte
sich erst in seine Schaluppe, da sich die Avantgarde
der türkischen leichten Flottille schon auf dem Liman
befand. Er wollte sich durchschlagen, seine Schaluppe
war zu schwer, wohl sechs bis acht leichte Schiffe
drängten ihn, zwey davon mit Hülfe der übrigen
kamen zur Abordage, er rettete auf seinem Boot
soviel Mannschaft als er konnte, er selbst blieb auf
dem Schiff, und um das Schiff nicht in die Hände
der Türken kommen zu lassen, zündete er die Pul-
verkammer an, und sprengte sich selbst, vor den
Augen vieler Zuschauer am Ufer von Kinburn,
muthig in die Luft. Die beyden türkischen Schiffe
litten dabey sehr viel.

Die leichte Flottille der Türken ging den Liman
hinauf zu rekognosciren. Fünf Meilen oberhalb
Kinburn standen die Tschornomorschen Kosaken auf
ihren Kähnen, und zwey Bataillons Musquetier
befänden sich am Ufer. Ungeachtet der beträchtlichen Entfernung vom Lande, beschossen doch die
Türken diese Mannschaft, und erreichten sogar die
Zelter im Lager mit ihren schweren Kanonen. Die
Tschor-

Tschornomorschen Kosaken, die ihnen näher waren, beantworteten ihr Feuer; dies Schießen dauerte einige Stunden, und ohne daß es zu einem wirklichen ernsten Gefechte kam, gingen die Schiffe wieder zurück. Sie wiederholten in der Folge noch einigemal diesen Versuch.

Die ganze russische Flotte stand unter Gluboka; die Ruderflotte voran, die Segelflotte in der zweyten Linie in Schachmattordnung, mit einem starken Hinterhalt; — die Okzakowsche war ungefähr sieben Meilen von ihr entfernt.

Fürst Nassau schickte seine Avantgarde aus, sie traf auf eine türkische und es kam zum Gefechte. — Die Absicht der Russen war, die Türken hinter sich anzulocken, deswegen zogen sich die Schiffe einzeln zurück; die türkische Flotte wurde unterdessen mit ihrer ganzen leichten Flottille verstärkt, kam bis unter die schweren Kanonen der Segelflotte, und da sie stark beschädigt wurde, zog sie schleunig ab, wurde vom Fürsten Nassau bis unter ihre Segelflotte verfolgt. Sie verloren fünf Schiffe der leichten Eskadre die sanken, davon sich wenig Mann-

C 3   schaft

schaft rettete; sie würden noch mehrere Schiffe verloren haben, wenn der Wind den Russen nicht un-
günstig gewesen wäre. Letztere verloren eine Fregatte die sank, die Equipage und Kanonen aber
wurden gerettet. — Dies war der Anfang der See-
gefechte. Noch zwey auf einander folgende Tage
fielen ähnliche kleine Gefechte vor, doch ohne beträchtlichen Verlust auf beyden Seiten.

Der Graf hatte mit den Flachmännern beschloß-
sen, ganz auf der Spitze der Kinburnschen Zunge
eine Batterie aufzurichten, welche die beyden War-
waters bestreichen konnte. Sie wurde schnell voll-
endet, ein niedriger Wall von Sandbänken machte
die Befestigung, einen Graben konnte man aber
wegen Beschaffenheit des Erdreichs (wie schon oben
erwähnt) nicht aufwerfen. 24 achtzehn- und vier
und zwanzigpfündige Kanonen standen auf derselben,
und wurden durch den Wall von Sandbänken vollkommen versteckt, bis man sie zu gelegener Zeit brau-
chen wollte. Nahe dabey war ein Ofen für die
glühenden Kugeln aufgebaut; und weil diese Batterie eine halbe Meile von der Festung entfernt war

und

und sattsame Vertheidigung bedurfte, so wurden
zwey Orlowsche Bataillons auf diesen Zwischenraum in vier Abtheilungen verlegt. Es geschahe
zwar alles, um es dieser Mannschaft zu erleichtern;
nur die Hälfte von ihnen stand stets fertig zum Gewehr, die andere war so lange frey, aber ihre
Wachen waren dennoch sehr beschwerlich, denn sie
standen und lagen beym Ausruhen, auf denen nach
der Schlacht des vorigen Jahres eingegrabenen
Menschenkörpern, die wegen des durch den Boden
dringenden Seewassers, noch größtentheils unver-
sehrt geblieben waren, und besonders gegen Sonnenaufgang einen giftigen und schweren Geruch von
sich gaben. Einige Mann wurden pestilenzartig
krank davon und starben. Die einzige Vorkehrung
war, öfteres Baden im schwarzen Meer oder dem
Liman, und viele Bewegung. Der Graf selbst,
der sich durch die Furcht nicht hatte abschrecken lassen, und bey der Mannschaft blieb, wäre eines
Morgens vom Dunst beynahe ohnmächtig worden;
er lief alsobald nach dem Wasser, badete sich — und
es ging vorüber.

C 4 In

In der Nacht vom 27. Jun. versuchte der berühmte Admiral Hassan Pascha ein sehr kühnes Unternehmen. Zwischen Ofzakow und Gluboka sind eine Menge Sandbänke unter dem Wasser, so daß es schon Schiffen von mittlerer Größe schwer wird, den Untiefen auszuweichen. Gegen Abend ging er mit seiner ganzen Flotte unter Segel, arbeitete sich, von guten Lootsen geführt, die dies Gewässer kannten, durch die Kanäle, und stellte sich in Linien gerade gegen die russische Flotte; Schiffe vom Range in der ersten, Ruderschiffe in der zweyten Linie.

Vom hohen Borde sahen die Türken mit Verachtung auf das schwächere russische Geschwader, feyerten die Nacht durch, als ob sie schon des Sieges gewiß wären. Des frühen Morgens kamen sie mit vollen Segeln auf die Russen, und die Schlacht nahm ihren Anfang.

Die Schlachtordnung der russischen Flotte war die oben erwähnte, die Ruderschiffe voran, die Segelflotte in der zweyten Linie. Das starke Kanonenfeuer hatte kaum eine Stunde gedauert, als eines der türkischen besten Schiffe von 70 Kanonen tief

stran

strandete, und es konnte ihm nicht geholfen werden;
kurz darauf geschahe das nämliche mit dem Admirals-
schiff von 80 Kanonen. Zwey Fregatten zu vierzig
Kanonen mit andern leichtern Schiffen segelten an
die Seite, um ihm zu Hülfe zu kommen und es zu
buchsiren; — auch die erste dieser Fregatten strandete,
und die übrigen blieben zurück. Fürst Nassau ließ
einen guten Theil seiner Ruderflotte gegen die gestrandeten anrücken, welche, weil sie wenigere Tiefe
brauchten, sich ganz nähern und abordiren wollten,
aber mit Kartätschen und Flintenkugeln muthigst
empfangen wurden, und viel Volk verloren. Endlich aber kamen sie doch aller Orten an Bord, und
die Tschornomorschen Kosaken auf das Admirals-
schiff. Man konnte die gestrandeten Schiffe nicht
behaupten, weil sie von glühenden Kugeln schon in
Brand gesteckt waren, und alles löschen war um-
sonst. Man rettete soviel von der Mannschaft als
möglich; viele sprangen ins Wasser und wurden als
Gefangene auf Böten weggebracht, unter welchen
die Kapitains der drey Schiffe sich befanden. Es
war viel Geld an Bord dieser Schiffe, die Russen
machten soviel zur Beute, als die Zeit ihnen er-

laubte

laubte davon zu bringen.   Vielen Griechen und
Armeniern, welche der Gewohnheit nach von den
Türken am Schiffsbord zur Arbeit angeschmiedet
sind, konnte nicht geholfen werden, weil jeder so
schnell davon eilte, als möglich war, und nun flog
eins nach dem andern in die Luft.   Noch wurden
einige der kleinern Schiffe in Grund gebohrt, einige
weggenommen; — und nach einem vierstündigen Gefechte war der Sieg entschieden.

Hassan Pascha befand sich während des ganzen
Gefechtes auf seiner Favorit-Kirlangitsche, und ließ
sich unerschrocken in den größten Gefahren aller
Orten sehn; von den russischen Ruderschiffen wurde
er stark beschossen, litt aber keinen Schaden; desgleichen auch Fürst Nassau befand sich auf einer
Schaluppe, flog vom rechten zum linken Flügel
durchs stärkste Feuer, und neben ihm ein französischer
Obrister Damas.

Außer dem Verlust der verbrannten und genommenen Schiffe, zog sich Hassan Pascha auch übrigens
sehr beschädigt zurück.   Bedeckte sorgfältig beym
Rückzug seine Ruderschiffe mit denen vom Rang, so

daß

daß man ihm beym Verfolgen wenig Nachtheil zu=
fügen konnte, und kam auf seiner vorigen Stelle an.
Die beyden russischen Segel= und Ruderflotten war=
fen das Anker eine Meile von ihm.

Hassan Pascha war nach seiner Zurückkunft über
diesen Vorfall aufs tiefste gebeugt. Er sprach sehr
wenig, und nahm nichts zu sich. Ganz vertieft saß
er am Ufer mit thränenden Augen; sein Kopf stand
in Gefahr; dennoch beschloß er mit dem Rest seiner
Flotte wenige Zeit darauf nach Konstantinopel zu=
rückzugehn.

Bey dieser verlornen Seeschlacht verloren die
Türken über 2000 Mann an Todten, und gegen
1500 wurden Gefangene genommen und zum Gra=
fen nach Kinburn gebracht. Einer der oben erwähn=
ten drey türkischen Schiffkapitains, hatte im Ge=
fechte sein Bein verloren, und starb bald darauf in
den Armen seiner mitgefangenen zwey Söhne. —
Russischer Seits war der Verlust sehr unbeträchtlich;
200 Mann Todte, unter welchen 18 Staabs= und
Oberoffiziere, und 600 Mann verwundet, unter
wel=

welchen 40 Staabs= und Oberoffiziere. Obristlieu=
tenant Ribas (Bruder des jetzigen Viceadmirals)
verlor einen Arm, nichts desto weniger brandte er
selbst in der Hitze des Gefechtes mit der andern
Hand eine Kanone auf seiner Galeere ab.

Nach diesem unglücklichen Seetreffen beschloß
Hassan Pascha sein Geschwader mit der in der See
stehenden Flotte zu vereinigen, er nahm dazu alle
Maaßregeln, und den 30. Jun. nach Mitternacht
lief er aus, wiewohl nicht in der besten Ordnung.

Die Nacht war dunkel; — als er gegen die
Spitze von Kinburn kam, die er vorbey gehen mußte,
eröffnete alsobald das Blockfort ein fürchterliches
Kanonenfeuer, und beschädigte stark die türkische
Avantgarde, sie ging aber doch durch. Das Feuer
war so stark, daß viele Türken, da sie nichts von
den versteckten Batterien wußten, vermeynten, sie
wären unter die Festung Kinburn gerathen. Nach
ein Uhr ging der Mond auf, man beschoß die im
Laufe begriffenen Schiffe der Avantgarde beständig,
und jetzt gingen schon wenigere glühende und andere
Kugeln verloren.

Ehe

Ehe es noch Tag wurde, hielten mehrere der türkischen Schiffe in ihrem Laufe inne, sie waren ganz
wie verwirrt, und nur einige thaten Nothschüsse.
Einige waren im Brande, andere im Begriff zu
sinken; die Mannschaft schwimmend, mehrere ertrunken, viele wollten sich gar nicht retten lassen,
sondern belasteten sich mit Kanonenkugeln, um sogleich unterzugehn.

Gleich bey Anfang des Kanonierens hatte der
Graf zum Fürst Nassau geschickt und ihm aufgetragen,
mit seiner Eskadre die Türken anzugreiffen. Er
stand eine Meile von Okzakow, und hinter ihm Paul
Jonas. In der Nacht war es nicht thunlich, aber
sobald es Tag wurde, fing sich aller Orten ein hitzi-
ges Gefechte an. Die türkischen Schiffe befanden
sich nicht in Linien, sondern die mehresten in Ver-
wirrung, zerstreut oder zu nahe an einander. Paul
Jones mit der Segelflotte kam nicht ins Feuer, weil
er sich mit den schweren Schiffen nicht in die Kanäle
zwischen die Sandbänke wagen konnte, und da ers
versuchte, lief der Wolodimer auf den Strand.

Die

Die russischen kleinen Schiffe, besonders Kanonierböte und Galeeren, fielen zu drey und vieren die
türkischen Linienschiffe und Fregatten an, und wenn
sie einmal unter Bord sich befanden, konnte ihnen
das Kanonenfeuer nicht mehr schaden. Oft aber
bitten sie an mehrern Seiten auf einmal, man bediente sich dazu der Trittbänke, die man wirft, um
aus den Booten aus Land zu kommen. Mehrere
Schiffe steckten sie mit Bomben und Grenaden in
Brand.

Aller Orten sahe man brennende Schiffe, der
Dampf war gegen das Ufer zu so stark, daß sich die
Schiffe beym Annähern kaum anders als durchs
Feldgeschrey unterscheiden konnten. Die Eroberer
weilten nicht lange auf den erstiegenen Schiffen,
sondern machten sich schnell mit den Gefangenen und
der Beute davon, ehe sie aufflogen.

Hassan Pascha war des Nachts mit seiner Avantgarde zu der Flotte, die auf der Höhe stand, übergegangen, und erfuhr das Schicksal seiner großen
Schiffe erst gegen Abend. Bis gegen 11 Uhr Mit-
tags dauerte die fürchterliche Schlacht, wo endlich
                                        die

die brennenden Schiffe in die Luft flogen, und gegen ein Uhr war das Ganze vorüber.

Der Verlust auf russischer Seite bestand in 180 Todten, unter welchen 24 Staabs- und Oberoffiziere, und gegen 800 Mann verwundet. Die Türken verloren gegen 3000 Mann, und 2000 machte man gefangen. Ein Linienschiff und zwey Fregatten wurden genommen, und drey Linienschiffe und fünf Fregatten flogen in die Luft, desgleichen 17 Schebecken, Kirlangitschen und Kanonirböte wurden verbrandt, versenkt oder genommen. Es retteten sich in die See lauter beschädigte Schiffe, zwey von der Linie, davon eins, welches mit noch einigen andern Schiffen zur Ausbesserung nach den Dardanellen abgeschickt wurde, in offener See mit der Equipage versank, drey Fregatten, davon ging eine hinter Peresan unter, vier Schebecken und 10 Kirlangitschen und Kanonirböten. Ein Theil der Flotte rettete sich unter die Kanonen von Okzakow und dem Fort Hassan Pascha.

Auch diese letztern wurden vom Fürsten von Nassau in dem Gefechte vom 1. und 2. August fast

gänz-

gänzlich aufgerieben, zwey Fregatten und sieben
Galeeren und Kirlangitschen verbrannt, und fünf
Galeeren und Schebecken genommen; so daß alsdann fast die ganze vor Okzakow gelegene Flotte vernichtet war. Fürst Nassau verlor im letztern Seetreffen 200 an Todten, unter welchen 28 Staabs-
und Oberoffiziere, und 700 Mann wurden verwundet. Die Türken hatten 1500 Todte, und über
1000 machte man zu Gefangenen.

Der Muth der siegreichen Truppen blieb von
der Monarchin nicht unbelohnt; Offiziers und Gemeine erhielten Gnadenbezeigungen, und Fürst
Nassau bekam außer andern Belohnungen, die Vice-
admirals-Flagge.

Fürst Potemkin hatte der Armee (gegen Ende
Junii) einen Sammelplatz unter Sockoli, vierzig
Meilen von Okzakow, bestimmt; er setzte mit derselben über den Fluß, und erst im Anfang August näherte er sich der Festung, und fing die Belagerung
an. Auch Suworow stieß dazu; er ließ sich mit
seinem Fanagorischen Grenadier-Regiment vom Kinburnschen Ufer übersetzen, und bekam den linken
Flügel

Flügel der Armee unter sein Kommando. Vorher war ihm der Auftrag gegeben worden, mit der Flotte unter Ribas, die Insel Peresan im schwarzen Meere anzufallen und wegzunehmen; aber die Expedition fand nicht stand.

Die förmliche Belagerung von Ofzakow nahm den 18. August ihren Anfang. Die Türken thaten öftere Ausfälle; mit etlichen tausend Mann wagten sie einen solchen den 28. August, links an dem entferntesten Theil, wo Bogische Kosaken und Freykosaken zu Fuß standen. Der Graf eilte schnell hinzu, die Russen waren im Gedränge und verloren Platz. Er ließ sie durch ein Grenadirbataillon verstärken, es griff mit dem Bajonet an, und brachte die Türken zum Weichen; aber über seinen Befehl verfolgte es sie in der Hitze bis unter das Retranchement der Festung, wo sich die Türken bis 8000 Mann verstärkt hatten. Um Luft zu machen führte Obrister Zalotuchin auch seine Grenadirbataillons herbey, und vereinigte sich mit den vorigen. Die Türken wurden über den Haufen geworfen. Noch mehrere Bataillons kamen hinzu, das Gefecht wurde allgemein, und fast war es um das Retranchement geschehn.

II. Theil. D Als

Als der Graf hinzu kam, war er einem starken Flintenfeuer ausgesetzt, welches wegen eines gewissen Zufalls um so gefährlicher wurde. Ein türkischer Junge, der sich hatte taufen lassen, und schon geraume Zeit bey einem russischen Offizier diente, war des Tages vorher entlaufen. Er kannte den Grafen persönlich, man hatte ihm den Vorfall des Entlaufens verheimlicht, und dieser junge Türke zeigte den andern des Grafen Person an, so daß er nirgends eine sichere Stelle hatte, und es wurde stark nach ihm geschossen. Er sah den Osmann, der sein blitzendes Gewehr auf ihn anschlug, dessen Schuß er nicht entweichen konnte. Die Kugel flog in Hals, kaum einen Finger breit von der Gurgel, und blieb am Nacken stecken. Der Schuß war ihm sehr fühlbar, er legte die Hand flach auf, und kehrte um nach dem Lager zu. Er schickte eine Ordonanz vorweg, um den Wundarzt und den Geistlichen herbey zu rufen; übergab im Vorbeyreiten das Kommando dem Generallieutenant Bibikow, und weil er sich nichts Gutes vom Ausgang vermuthete, so befahl er ihm an, die Bataillons so viel möglich aus dem Feuer zu ziehn.

Er

Canderbi   ...
Gotha

Er kam in seinem Zelte an. Der Chirurgus besichtigte die Wunde, schnitt die Kugel aus, und traf die nöthigen Vorkehrungen. Das Pferd des Grafen hatte mehrere Kugeln in Leib bekommen, und fiel bald, nachdem es abgesattelt war, todt nieder.

Die Bataillons hatten gefährlichen Stand; es erfolgte, was der Graf vermuthet hatte. Statt sie, wie geschehen sollte, allmäßlich zurückzuziehn, wenn man sich des Retranchements nicht Meister machen und den Türken auf der Hacke in dasselbe nicht folgen könnte, rührte man vom Weiten die Trommel. Die Grenadirs wurden irre, verließen ihre Vortheile, kamen plötzlich zurück, und büßten bey dieser Unordnung einige hundert Mann ein.

Des Grafen Wunde wurde gefährlich, er hatte starke Ohnmachten, und des dritten Tags bekam er das Wundfieber; er ließ sich zu Wasser nach Kinburn übersetzen; Tags darauf wurde ihm der Athem ganz schwer und man erwartete sein Ende. Ein langer sanfter Schlaf gab ihm indessen die Kräfte wieder, und er kam außer Gefahr. Die Wunde war brandig, man fand und schnitt noch einige

D 2 Stücke

Stücke Tuch und Unterfutter der Uniform heraus, die beym ersten Verband nicht gleich waren sichtbar gewesen. — Er fürchtete, daß der Hals würde steif werden, allein der Wundarzt war diesem glücklich zuvorgekommen. — Während der ganzen Heilung, die drey Wochen dauerte, war er nicht bettlägerig. Gleich Anfangs bekam er die Gelbsucht noch hinzu, dennoch brauchte er nach seiner Gewohnheit keine innere Arzneymittel, er hielt sehr gute Diät, und seine gesunden Säfte stellten ihn wieder her.

Noch war er auf dem Wege der Genesung, er befand sich auf seinem Zimmer in einer Kaserne, als er ein fürchterliches Donnern und Krachen um sich herum hörte, das ihn fast gänzlich betäubte. Es war an einem Festtage, wo gewöhnlich die Kanonen gelößt werden; — dies war der erste dunkele Gedanke, der ihm beyfiel; — aber die Schläge waren zu heftig und zu stark. Es war Feuer in ein kleines Pulvermagazin gekommen, gefüllte Bomben und Grenaden flogen in die Luft, und das Krachen und Zersprengen dauerte mehrere Minuten. Eine Bombe fiel durch das Zimmer, wo der Graf saß, zerschlug

sein

sein Bett und ein Stück der Stubenmauer. Er war noch schwach auf seinen Füßen, eilte so viel er konnte nach dem Vorzimmer, und hatte kaum den Fuß über die Stubenschwelle gesetzt, als er von einer Menge Splitter übersäet, und im Gesicht, auf der Brust und dem linken Knie verwundet wurde. Nirgends fand er Schutz sich zu sichern, die Treppe, die unter das Dach führt, war ganz zerschmettert. Er lehnte sich an den Treppenhalter im Vorhaus, und erwartete den Ausgang.

Vom dicken Dampf und Rauch war am hellen Tage fast dunkle Nacht geworden. Der Graf ging aus der Kaserne heraus, und begab sich in eine Hütte auf der Kinburner Erdzunge, wo er sich den fast ganz blutigen Körper verbinden ließ. Der Kommandant der Festung, Obrist Dunzelmann, wurde zu ihm geführt, er hatte den Mund offen, spie Blut aus, und erzählte, wie er von seinem Bette ohne Anzustoßen ins Kamin geworfen worden war. Die mehresten Personen, die mit dem Grafen unter einem Dach gewohnt, waren verwundet, und vom Schrecken fast des Todes. Eine Bombe fiel in die

D 3   Kirche

Kirche auf den Altar, beschädigte ihn stark, wie auch den Priester, der den Gottesdienst noch nicht ganz geendigt hatte, und der hernach an den Wunden starb. Vierzig Jäger nebst zwey Offiziers sprengten in die Luft, von denen keiner davon kam.

Diese Jäger waren beschäftigt gewesen für die Ruderflotte Bomben und Grenaden in der Kaserne innerhalb des Schlosses anzufüllen. Da die sämtlichen damit Beschäftigten ihr Leben verloren, so hat man nicht dahinter kommen können, wie es zugegangen. Der Kommandant hatte am meisten dabey gefehlt, ihm war jener Auftrag von der Ofzakowschen Seite gegeben worden; ohne es dem Grafen zu melden, hatte er diese Arbeit im Schlosse vornehmen lassen, welches dieser nicht würde erlaubt, sondern im Felde haben vollenden lassen. Achtzig Mann verunglückten bey diesem Zufall, der noch weit schlimmere Folgen hätte haben können. Nur wenige waren bloß verwundet, die mehresten waren todt.

Der dicke Dampf konnte von Ofzakow, so wie auch in der See von der türkischen Flotte, bey welcher

cher. sich der Kapitain Pascha noch befand, gesehn werden. Es schien als ob ganz Kinburn in die Luft gesprengt wäre. Der Ofzakowsche Seraskier schickte alsobald einen Expressen zur Flotte mit Ansuchen, daß man baldigst unter Kinburn landen möchte, um den Vorfall zu benutzen; — Hassan Pascha verwarf es aber. Es würde ihm auch nicht viel geholfen haben, denn man war fertig, und die Truppen waren voll Muths, ihn zu empfangen.

Nicht lange darauf wurde Hassan Pascha nach Konstantinopel berufen, man glaubte er würde seinen Kopf verlieren; mit etlichen leichten Schiffen ging er dahin ab, — es geschahe ihm aber nichts. Der Ueberrest der Flotte blieb unter Kommando des Viceadmirals in der See, bis Ende Oktobers, wo sie nach den Dardanellen absegelte. Sie wurde auf der Höhe bey Warna von einem heftigen Sturm überfallen und zerstreut, sie verloren aber nur einige kleine Schiffe.

Die Belagerung von Ofzakow dauerte unterdessen fort. Es fing an heftig zu frieren, und viele

D 4   Mann:

Mannschaft von den Belagerern ging verloren.
Nach einer viermonatlichen Belagerung wurde die
Festung den 6. Decemb. vom Fürsten Potemkin mit
Sturm eingenommen. — Es waren gegen 80,000
Mann, die Ofzakow eingeschlossen hielten. 4800
Mann fielen beym Sturm, aber ungleich mehrere
hatten schon vorher ansteckende Fieber und die große
Kälte hingerafft. 14,700 Türken wurden Opfer der
Waffen, und 4800 gefangen weggeführt.

Der Graf war unterdessen zu Wiederherstellung
seiner Gesundheit auf Kinburn in Cherson und Kre-
mentschuck verblieben. Er ging zu Anfang des folgenden Jahres nach Petersburg, wo er, bey den
Begnadigungen, die damals ausgetheilt wurden, als
einen Beweiß von der Zufriedenheit der Monarchin,
eine brillantne Aigrette auf dem Helm erhielt, mit
der Inschrift K. (Kinburn) und bald darauf verreiste
er wieder zur Armee.

Dritter

Dritter Abschnitt.

Inhalt.

Der Graf besuchte sogleich nach seiner Ankunft in Jassy den Feldmarschall Grafen Romanzow, der bald darauf von einer anhaltenden Krankheit an Füßen befallen wurde, auf einem nahe bey Jassy gelegenen Adelhof sich einlogirte, und seine Armee dem Fürsten Potemkin abgab, welche, da sie zu der von ihm bereits kommandirten gestoßen, hernach die kombinirte Armee genannt wurde.

D 5

Bald

Bald darauf ging der Graf nach Berlat, achtzehn Meilen von Jassy, wo er das Kommando über das dasige Korps übernahm, welches unter Generallieutenant Derfelden stand, der nicht lange vorher ein Korps von 20,000 Türken geschlagen, vier tausend Mann aufs Schlachtfeld gelegt, und 37 Fahnen und 14 Kanonen ihnen abgenommen hatte.

Dieses Korps bestand aus drey Karabinir-Regimentern (zu 5 Eskadrons), die Kosaken-Regimenter der beyden Obristen Grekow, 1000 Arnauten, und zwölf Bataillon Infanterie d), und außer den Regimentskanonen, noch 16 schwere Feldstücke. Sie standen unter dem benannten Generallieutenant Derfelden, den Generalmajors Bosniakow, Fürsten Czekawskoi, Brigadier Lewaschow, Westphal, Burnaschow.

Sie waren im Begriff sich nach Wasluis halben Wegs Jassy, zu ziehn. Der Graf hielt sie auf, rekognoscirte die Gegend, ritt vier Meilen voran, nach Karaptscheßi, wo der Kordon der leichten Trup-

d) Die Karabinir-Regimenter waren: Starabub, Resan, Tschernikow. Die Bataillons Infanterie waren: zwey Grenabir, zwey Jäger, zwey Smolenskische, Tulische, Rastowsche und Abscheronische.

Truppen auf Vorposten stand. Er stellte sie etwas
höher, von welcher Gegend man hinter dem Seret,
fluß auch bis gegen Atopestie und Foxhani die gehö,
rigen Operationspunkte entdecken konnte.

Fürst von Sachsen-Coburg hatte unterdessen die
Winterquartiere in Gallizien verlassen, und war mit
seiner Armee in die Wallachey, an die rechte Seite
des Serets vorgerückt. Sein Lager stand unter dem
Flecken Atschud am Flusse Stratusch, der in den
Seret fällt, und seine Armee war ziemlich im Alli,
niement mit dem Korps des Grafen. Dieser gab
ihm sogleich von seiner Ankunft Nachricht, und er,
hielt darauf die freundschaftlichste Antwort. Ohne
ihn persönlich zu kennen, stiftete er mit Fürsten
Coburg eine Freundschaft und Offenherzigkeit, die
zwischen den Befehlshabern der Korps zweyer alliir,
ten Höfe so nöthig ist, und sie lebten mit einander
ohne den mindesten Argwohn. Zwischen beyden
war kein Geheimniß, die beyderseitigen Offiziers
wurden in beyden Lagern gleich gut aufgenommen,
und dieses Einverständniß, in welchem Chefs und
Untergebene lebten, trug wohl sehr viel zu den nach,
folgenden Siegen bey.

Sellin

Selim war vor Kurzem, nach dem Todte Abtul
Amits (7. April) auf den Thron gekommen. Er
vermehrte sein Kriegsheer bis 150,000 Mann, ein
Drittheil davon war nach der Wallachey bestimmt.
Die unter Brahilow über die Donau gegangenen
Türken, zogen unter einem Seraskier gegen Foy=
hani, zwölf Meilen vom Lager des Fürsten Coburg,
und wuchsen bald bis zu 40,000 Mann an. Sie
standen im Begriff sein Korps anzugreifen, dem sie
weit überlegen waren. Eilig benachrichtigte er den
Grafen davon, der sich alsbald in Marsch setzte.
Er ließ unter Verlat das Tullsche Regiment mit sei=
nen und vier Feldstücken, von jedem Karabinir=
Regiment zwey Eskadrons, hundert Kosaken und
die Hälfte der Arnauten e).

Das Korps nahm seine Richtung nach Atschud,
auf einen schweren aber kürzern Weg, zwischen Ge=
bürge und durch Wälder; es marschirte Tag und
Nacht,

e) Um diese Zeit hatte sich der Zufall ereignet, daß sich der Graf in die
nackte Fußsohle eine Nadel eingestochen, die nicht konnte ausgezogen
werden, weil das vorstehende Stück abgebrochen war, dies verur=
sachte, daß er eine geraume Zeit hinkte, und er bekam deßhalb von
den Türken, die ihn so sahen, und glaubten, daß er beständig hin=
kend gewesen, den Zunamen Topal Pascha (der hinkende General).

Nacht, ging den Seret auf einer Pontonbrücke der Kaiserlichen über, und legte den Weg äußerst schnell, zwölf Meilen (80 Werst) in 1½ Tage zurück, die gehörigen Ruhestunden mit eingerechnet.

Fürst Coburg, dem man vom Anmarsch der Kolonnen Nachricht gab, wollte es nicht glauben, bis er es selbst sahe und dem Grafen entgegen kam. Es war gegen die Nacht als sie eintrafen, und sich auf den linken Flügel der Kaiserlichen verlegten.

Des folgenden Tages wurden zwey Pontonbrücken über den Stratusch geschlagen, und beyde Korps gingen darauf in zweyen Kolonnen über dieselben, die Kaiserlichen in der rechten, die Russen in der linken Kolonne.

Um den Türken zu verbergen, daß die Russen zu dem Coburgischen Korps gestoßen waren, hatte Suworow zu seiner Avantgarde bloß Oesterreicher, zwey Bataillons Kaunitz und Kolloredo, Barko Husaren und Löwener Chevauxlegers, unter dem muthigen Obristen Karatschen. Wenn die russischen Truppen ausruhten, war es allemal in einer Niedrigung hinter der Avantgarde. Zwey Nächte ruheten sie

sie im Marsch.   Der Graf ritt oft voran zu rekognosciren, und wäre bald einer Parthey Türken in
die Hände gefallen, die ihn aber nicht erkannten.

Des dritten Tags, da sie-bey Marie Tscheſtie
zwey Meilen vom Fluſſe Putna verdeckt raſteten,
ſchickte der Graf einen Offizier mit dreyßig Koſaken
auf Entdeckung aus.   Er ſtieß auf einen Schwarm
von 200 Türken, und weil er Befehl hatte bey
einem dergleichen Vorfalle ſie anzulocken,   ſo ritten
die Koſaken zerſtreut allmählig zurück.   Es waren
ſchon die Vorkehrungen getroffen, und das Koſaken-
Regiment Iwan Grekow, vom Major dejur Kuris
angeführt, that auf ſie den erſten Anfall.   Das
Regiment war in drey Abtheilungen; als die Türken ſich dem Walde näherten, griff ſie die erſte Abtheilung muthig an, die Türken wichen, und weil
ihnen ſchnell über 500 der ihrigen noch zu Hülfe
eilten, und ſie wieder vorwärts rückten, ſo kamen
auch die übrigen beyden Theile der Koſaken zum Gefecht; in nicht langer Zeit wuchs die Zahl der Türken auf 2000 Mann.   Das andere Koſaken-Regi-
ment griff auch an, und die Arnauten unter Haupt-
mann Falkenhagen.   Die Türken wichen zwar eine
Strecke,

Strecke, wie aber ihre ganze Macht des Vortrabs, 4000 Mann Spahis zusammen kamen, mußten die Russen zurück. Nun sprengten die fünf Eskadrons Barko Husaren herbey, und wie noch das Gefechte zweifelhaft war, wiewohl die Türken schon wankten, so stießen noch drey Eskadrons löwener Chevaux-legers, und zwey Eskadrons Karabiner, auch einige hundert Mann Jäger und Infanterie dazu. Die Türken ergriffen die Flucht, und die ganze Kavallerie, welche zum Gefechte gekommen war, verfolgte und jagte sie über die Putna, wo viele ersoffen.

Die Türken verloren in diesem Gefechte, welches fünf Stunden dauerte, gegen 600 Mann, worunter sehr viele Offiziers waren; Gefangene machte man sehr wenige. Sie wurden angeführt von Osmann, Pascha von zwey Roßschweifen, einem ihrer besten Befehlshaber. — Der Verlust der Russen war nicht beträchtlich.

Man sahe auf der andern Seite der Putna 2000 Mann ihrer Infanterie mit ein paar Kanonen sich oftmals bewegen, aber sie gaben ihrer Reiterey

keine

keine Hülfe, und zogen sich endlich schnell gegen Foxhani zurück.

Es war schon dunkele Nacht und die beyden alliirten Korps waren auf ihrer bestimmten Stelle (D) vorgerückt, als die Türken einen Theil der leichten Truppen, die jenseits der Putna sich des Lagers bemeistert und Beute gemacht, unvermuthet angriffen und über die Putna zurückjagten; Karatschey, der unterdessen die Höhen beym Uebergange mit dem Kaunißischen Bataillon besetzt, feuerte mit Kartätschen auf sie, da sie dann zurückflohen.

Man hatte schon angefangen, die Pontonbrücken aufzuschlagen, durch diesen Vorfall aber wurden die Arbeiten in etwas gehindert, doch bald darauf ganz zu Stande gebracht. Die Bataillons der Avantgarde Kaunitz und Kolloredo deckten die Spitze, und diesseits lagen zwey russische Jägerbataillons. Um Mitternacht zerriß der starke Strom die Brücke, sie wurde aber bald wieder ausgebessert, und schon vor Tage war das russische Korps nebst dem Rest der Avantgarde jenseits der Putna; die Infanterie auf der Brücke, die Kavallerie rechts, durch eine untiefe

chen blos zu benennen: O. Wlefchi. P.
S. Futfchani. T. Kutachmechti. Y. Mar.

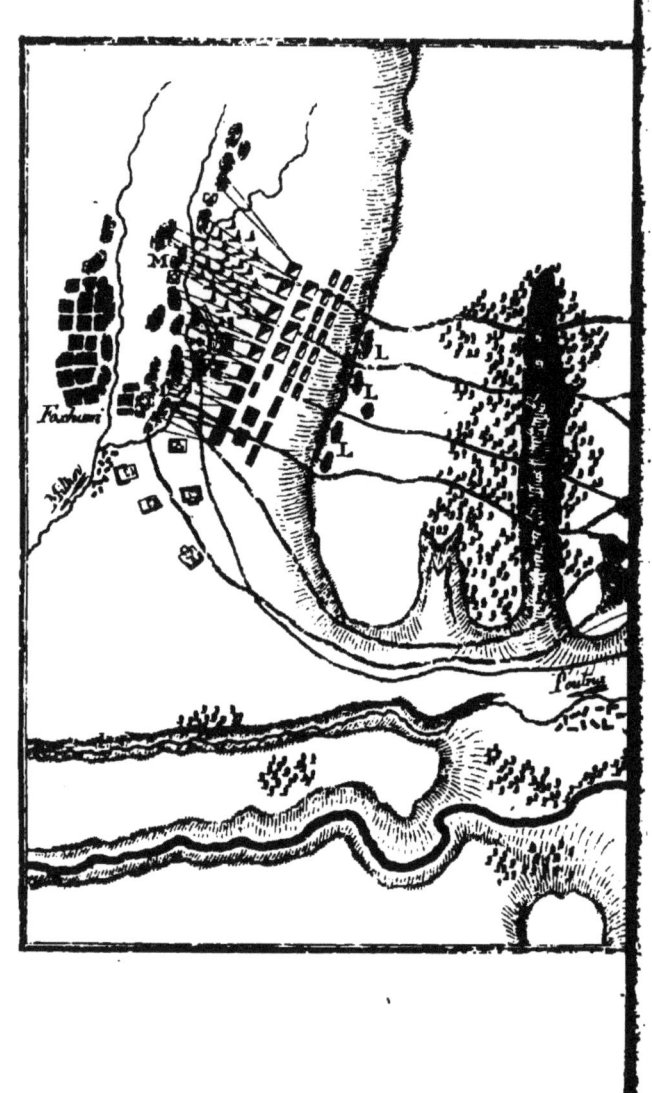

antgarde jenſeits der Putna; die Infanterie auf
er Brücke, die Kavallerie rechts, durch eine untiefe

Schlacht bey Foxhani,

gewonnen durch die vereinigten rußisch = und römisch=kayserlichen Korps, von den Türken. Den 21. Jul. a. St. 1789.

Erklärung der Zeichen.

A. Stellung der beyden Korps bey Maritscheßti; die Rußsen links, die Kayserlichen rechts.

B. Verschiedene türkische Partheyen, die sich nach und nach bis 4000 Mann vermehren, aber

C. durch die leichte Reuterey der combinirten Truppen mit Verlust zurückgeschlagen werden.

D. Stellung der beyden Korps an der Putna.

E. Avantgarde, die die Brücke deckten.

F. Ponton = Brücke über die Putna.

G. Stellung der beyden Korps, wie ihnen die Türken anfänglich H. mit geringer Zahl, und I. mit einem Heer Reuterey entgegen kommen.

L. Wie sie auch noch den letzten Versuch machen, sich ihnen entgegen zu setzen, ehe sie an ihre Verschanzungen kommen.

M. Die ganze Macht der Türken hinter ihren Verschanzungen und dem Lager bey Foxhani.

Mehrere zum Theil unbedeutende Dörfer, von welchen blos zu benennen: O. Wlescht. P. Tschuchla. S. Futschani. T. Kutachmechtl. Y. Maritscheßtl.

tiefe Stelle des Flusses. Bey Tages Anbruch setzte das Korps des Fürsten Coburg auf eine gleiche Weise über; beyde Korps marschirten in Kolonnen die leichte Anhöhe hinauf, und da sie oben waren und das ganze Feld übersehen konnten, — stellten sie sich in Schlachtordnung; die Kaiserlichen auf dem rechten Flügel, neun Quareen in zwey Linien in Schachmatt, und eine dritte Linie aus lauter Kaval= lerie bestehend. — Nach dieser Ordnung waren die Russen auf dem linken Flügel in sechs Quareen f); die Kavallerie nebst Kosaken in der dritten, und Kartätschen mit den Bataillons und Eskadrons der gewesenen Avantgarde, stellte sich in die Mitte der beyden Korps.

Die Linie dehnte sich über eine halbe Meile in die Breite, und sechs Uhr des Morgens rückten die beyden Korps mit klingendem Spiel gegen den Feind. Das Scharmuziren nahm seinen Anfang, und kaum

waren

---

f) In der ersten Linie zwey Grenadir= Quaree auf den Flügeln, Chasta= tow und Böhm, und das Jäger=Quaree Narock, wo sich auch der Graf befand, in der Mitte; in der zweyten Linie drey Musquetir=Quarees.

waren sie unter demselben eine halbe Meile marschirt, als 15,000 Mann türkischer Reiterey auf
die rechte Flanke des Coburgischen Korps einen Anfall thaten, und sie umflügeln wollten; aber Feld-
marschall-Lieutenant Spleni, der sich etwas verspä-
tet hatte, und mit seinen drey Quarees ein paar
hundert Schritte nachmarschirte, setzte sie zwischen
zwey Kartätschenfeuer, und nach einer halben Stunde wurden sie mit starkem Verlust weggetrieben.

Das russische Korps gewann unterdessen eine
Strecke Feld; die Türken setzten sich wieder, ver-
mehrten sich bis gegen 20,000 Mann an Reiterey,
und fielen den linken Flügel unter Generallieutenant
Derfelden an; drängten sich zwischen die Quarees,
besonders gegen die äußern der linken Flanke. In
vollem Anrücken dauerte das Gefechte bald zwey
Stunden, und endlich wurden sie mit vielem Verlust über den Haufen geworfen, und flüchteten durch
den Wald.

Vor den beyden Korps war dichte Waldung, die
sie umgehen mußten, und an der andern Seite stellten sie sich wieder in die vorige Ordnung. Hier
war

war der halbe Weg von der Putna nach Foxhani.
Vorwärts war nichts als niedriges Dorngesträuche
eine halbe Meile lang; Menschen und Pferde zer-
rissen sich die Füße bis aufs Blut. Die Türken
trafen hier einigemal auf sie, aber schwach; das
Scharmuziren war nicht anhaltend, bis sie aus dem
Dorngesträuche heraus auf's freye Feld kamen.
Hier fingen die öftern Anfälle wieder an, sie wurden
mehrentheils durch die Kavallerie vertrieben, die
hinter den Linien vorkam, und da sie noch eine
Viertelmeile von ihrem Lager unter Foxhani entfernt
waren, so machten sie das ganze Feld frey, und fingen an aus allen Kanonen zu beschießen. Da es
einigen Schaden that, rückten die beyden Korps
schnell einige hundert Schritte vor, um aus dem
Schießpunkt zu kommen, so daß die Kugeln größtentheils überhin gingen.

Unter ihren Truppen, die Infanterie in der
Mitte hinter Verschanzungen, Kavallerie auf den
Flügeln, bemerkte man starkes Wanken. Auf eine
Werst von ihnen, eröffneten die beyden Korps bey
vollem Anmarsch ein starkes Kanonenfeuer, und als
sie bis dreyhundert Schritte nahe gekommen, griffen

E 2   die

die Quarees die Verſchanzungen in ſchnellem Marſch
auf Bajonet mit Feldgeſchrey an, welche bald eingenommen wurden, weil ſie nicht gut aufgeworfen,
und nicht ſtark mit Artillerie beſetzt waren. Es war
nur die erſte Linie der Quarees, die eindrang, Cha-
ſtatow, Rarock und Böhm, desgleichen rechts zwey
Kaiſerliche Quarees unter Splent. Man bemei-
ſterte ſich der ganzen Verſchanzung, und die Osmannen wurden genöthigt die Flucht zu ergreifen. Die
türkiſche Kavallerie wurde bald von der gegenſeitigen
über den Haufen geworfen; beſonders thaten ſich
die Huſaren Kaiſer und Barko ſehr hervor.

In einer kleinen Entfernung hinter der Verſchanzung lag das befeſtigte Kloſter S. Samuel, in
welches ſich mehrere hundert Janitſcharen geworfen
hatten, um die Flucht der übrigen zu decken, auch
war daſelbſt ein beträchtliches Proviantmagazin.
Zwey ruſſiſche und zwey kaiſerliche Quarees machten
auf daſſelbe den Angriff mit vieler Artillerie. Das
Gefechte dauerte einige Stunden; zwey kaiſerliche
Majors, Graf Auersberg und Orell, nebſt noch
mehrern Offiziers und gegen hundert Mann verloren
                                    ihr

Clandestins....as
Solho

ihr Leben, und viele wurden verwundet. Eine Pulverniederlage flog in die Luft, welche die innerhalb der Mauern sich befindenden sehr beschädigte; bis endlich das Klosterthor durch Kanonenschüsse gesprengt war, wo der größte Theil Türken niedergemacht wurde; einige retteten sich in die Kirche, erlitten aber doch ein gleiches Schicksal, und alle, die sich ins Kloster geworfen, wurden nach einem sehr hartnäckigen Widerstand sämtlich aufgerieben.

Beym Ende dieses letztern Gefechtes war der Graf, Prinz Coburg und Karatschen zusammengestoßen. Sie umarmten sich wechselseitig, so wie auch mehrere Offiziers der beyderley Korps, und wünschten sich Glück zu dem erfochtenen Sieg. Prinz Coburg ließ vor dem Kloster auf der Erde Mäntel aufdecken, und gab ein Frühstück um vier Uhr Nachmittags.

In einer kleinen Entfernung von diesem Kloster, lag das des heiligen Johannis, wo sich ein großes Proviantmagazin befand. In dieses hatten sich gleichfalls zwey bis drey hundert Türken geworfen.

Fürst

Fürst Coburg schickte eines seiner Bataillons dahin, welches sie angriff, und nach einem stündigen Gefechte wurde es eingenommen, ein Drittheil gefangen genommen, die übrigen niedergestochen.

Die Türken nahmen die Flucht auf zweyen Wegen, auf dem Bukarestischen, nach dem Städtchen Rymnik, wohin sie von Kosaken und Arnauten verfolgt wurden, welche über 400 Wagen Beute machten; und auf dem Brahilowschen, wo Kaiser und Barko Husaren nebst Ulanen und Arnauten ihnen nachsetzten, und noch einmal so viele Wagen in ihre Hände fielen.

So endigte sich die Schlacht bey Forhani, die den 21. Jul. geliefert wurde. Das Gefechte nahm früh sechs Uhr seinen Anfang, und endigte sich nach zehn Stunden. Es standen 40,000 Türken, 18,000 Kaiserliche und 7000 Russen im Felde. Zweytausend Türken blieben auf dem Platz, und gegen dreyhundert wurden gefangen; sie verloren sechszehn Fahnen, zwölf Kanonen, ihr reiches Lager und große Proviantmagazine. Der Verlust der Russen und Kaiserlichen, war nicht in Verhältniß.

Da

Da die vollkommenste Eintracht unter den Befehlshabern der beyden Truppen herrschte, so wurde laut Verabredung, das erbeutete Lager und die weggenommenen Kanonen, in gleiche Theile vertheilt; die Fahnen behielt der, welcher sie genommen, die Magazine aber verblieben gänzlich dem Prinzen Coburg, ohne daß der Graf befahl, etwas anzurühren, weil die Russen davon marschirten.

Für die Kaiserlichen war es die erste Feldschlacht, die sie in diesem Kriege gewannen. Die Ordre de Bataille, die Truppen in kleine Quarees zu stellen, wurde gänzlich beybehalten, und Fürst Hohenloh, Laudon und Clairfait schlugen nachdem auf eine ähnliche Art die Türken.

Prinz Coburg erhielt das Großkreuz des Marie-Theresien-Ordens, und Suworow, ein sehr gnädiges Schreiben des Kaisers Joseph, mit einer reichen Dose begleitet, auf welcher des Kaisers Namenszug; der Brief, im Original deutsch, war folgenden Inhalts:

Ich habe, Herr General en Chef! Ihr Schreiben mit ausnehmendem Vergnügen empfangen, und

E 4 den

den glorreichen Sieg, welchen die unter Ihrem
Kommando stehenden Truppen Ihro Kaiserlichen
Majestät, vereinigt mit den Meinigen unter dem
Prinz Coburg, bey Foxhani erfochten haben, daraus
ersehn. Prinz Coburg kann Dero einsichtsvollen
und tapfern Beystand, so wie jenen Ihres ganzen
Korps nicht genug anrühmen, wofür ich Ihnen ganz
besonders verbunden bin. Ich ersuche Sie auch dem
kommandirenden General-Feldmarschall Fürsten Potemkin Tauritschewski, in meinem Namen für die
Ihnen aufgetragene so eifrige Beytretung meine
Dankbarkeit zu erkennen zu geben. Ich wünschte
nur mehrere Gelegenheit, wo ich meine ausnehmen-
de Bundesgenossen-Treue und werkthätige Unter-
stützung Ihrer Kaiserlichen Majestät beweisen könnte.
Derweilen verbleiben sie Herr General en Chef meiner vollkommenen Achtung, welche die von Ihnen
schon mehreremals bewiesene Heldenthaten verblie-
nen, ganz versichert.

    Laxenburg,   Joseph.
den 13. August 1789.

Vierter

Vierter Abschnitt.

Inhalt.

Der Graf hatte Nachricht, daß die Türken in seiner Abwesenheit von Berlat aus Beßarabien über
den Pruth setzen, und diese Gegenden überfallen wollten. Er begab sich deshalb Tags nach der Schlacht
bey Forhani auf den Marsch; und wiewohl der Weg
unter Forhani näher gewesen, so machte hier doch
das Aufschlagen der Pontonbrücken Weitläuftig-

E 5   keiten,

kelten, und er nahm seinen Weg nach Atschud. Die
Putna machte keine Hindernisse; der starke Strom
des Stratusch aber, ohnweit des benannten Städt-
chens, drehete die Pontonbrücke herum, so daß man
sich beym Uebergehn an der Spitze mit Brettern
behelfen mußte, und so ging die meiste Infanterie
über. Vier Bataillons mit der Artillerie wurden
zurückgelassen, um bey stillern Wasser nachzukom-
men. Die Kavallerie setzte in flachen Booten über, und
Kosaken und Arnauten schwammen durch. Nach
wenig Tagen (den 27. Jul.) traf er in Berlat ein,
und drey Tage darauf versammelten sich auch die
zurückgelassenen Truppen daselbst, nebst der Artillerie.

Um unterdessen den Zwischenraum vom Pruth bis
zum Seret gegen die Anfälle der Saporocher aus
Bessarabien, so wie auch gegen die Diversionen der
Brahilowschen Garnison über die Mündung des
Serets nach Berlat zu sichern, detaschirte Fürst
Repnin von seinem bey Repajamohila gelagerten
Korps den Generallieutenant Fürsten Wolgonski
mit vier Bataillons und acht Eskadrons, um bey
dem Dorfe Saporent, zwischen Falschi und Berlat,
eine Position zu nehmen, von da aus die möglichen
Posi-

Positionen des Feindes zu observiren, und die linke Flanke der Suworowschen Armee zu decken.

Der Graf besetzte bald nach seiner Ankunft in Berlat, Falschi am Pruth mit einem Bataillon und einigen Kanonen, unter Obristlieutenant Baron Sacken, machte mit ihm eine Kommunikationskette von leichten Truppen, und Sacken rekognoscirte öfters mit seinen funfzig Kosaken gegen Kagul und Ismail.

Im Dorfe Faltschesti, funfzehn Meilen von Falschi, wurde ein Offizier mit einer Parthey Arnauten von den türkischen Saporochern, welche bey Ismail auf Lotken den Pruth heraufgegangen, des Nachts überfallen; er wehrte sich gut, wurde aber endlich selbst gefangen genommen. Die Saporocher nahmen eine große Zahl Moldavischer Bauern mit sich fort, die sie hernach, ihrer Gewohnheit zu folge, an die Türken verkauften g).

Major Sabolewski der zu Karaptschesti, vier Meilen von Berlat, auf Vorposten gestanden, brachte

---

g) Um diese Zeit wurden von der Hauptarme Akschiban, Palanka, Ackermann an dem Ufer der schwarzen See, und Kauschani eingenommen.

se die Nachricht mit: daß ein Schwarm Türken unter
Galaz über die Donau gesetzt habe. — Die Arnauten machten jenseits des Pruth zwei türkische Saporocher zu Gefangnen, welche aussagten, Haßau, ge-
wesener Kapitain Pascha, jetzt Seraskier, würde
bald aus der Gegend von Ismail mit vieler Mannschaft aufbrechen, auf das Korps des Fürsten Repnin, welcher bey Repajamobila stand, losgehn, —
und unter Fokzani sollte Prinz Coburg angegriffen
werden. — Ein Abgeordneter nach der Wallachey
gab die Nachricht: daß die Türken unter dem Befehl des Großveziers, in starker Anzahl bey Hirsow
über die Donau gesetzt, und nach dem Flusse Buseo
zwischen Fokzani und Brahilow aufmarschirt wären,
mit dem Vorsatz, nachdem sie den Fürst Coburg
würden geschlagen haben, nach Jassy, welches im
Rücken lag und nicht stark bewacht wurde, einrücken
wollten.

Fürst Repnin rückte dem Haßan Pascha entgegen,
und schlug ihn den $\frac{7}{15}$. Septemb. unter Salza, zehn
Meilen von Ismail. — Suworow marschirte nach
Karaptschesti, und General Derfelden bekam ein
fliegendes Korps gegen den Pruth, um die Türken,

wenn

wenn sie ankämen, zu tourniren. Ein Offizier mit
funfzig Kosaken war nach Galaz ausgeschickt, um
Entdeckungen einzuziehen; er brachte die Nachricht,
daß gegen 500 Spahis in unterschiedlichen Par=
theyen herumstreiften. Da es nicht rathsam war,
die Zeit zu verlieren, um sie aufzusuchen, mar=
schirte der Graf vier Meilen vorwärts nach Puzzeni;
um den Kaiserlichen näher zu seyn, wo sich Dersel=
ben mit ihm vereinigte; denn nach den oben erwähn=
ten Nachrichten, war etwas wichtiges zu erwarten.

In Berlat ließ der Graf, wie das vorigemal
beym Ausmarsch, zwey Bataillons mit sechs Feld=
stücken, sechs Eskadrons Karabinier und die schwere
Bagage zurück. In Faltschi blieb Sacken mit sei=
nem Bataillon, und für die ganze Gegend blieben
150 Kosaken und zweyhundert Arnauten zurück.

Vom Prinzen Coburg kam ein Expresser an,
(den 6. Septemb.) der meldete, daß die Türken
gegen ihn anrückten. Er stand am Flusse Milkow,
eine Meile von Forhani, und hatte seine Avantgar=
de, unter dem Feldwachtmeister Karatschen, eine halbe
Meile vorrücken lassen. Tags darauf erhielt der

Graf

Graf einen zweyten Brief von ihm mit der Nachricht, daß die Türken mit einer sehr zahlreichen
Armee unter dem Befehl des Großveziers in vollem
Anzug wären, ihn anzugreifen, und bat, sobald als
möglich zu ihm zu stoßen. Eine seiner Partheyen
hatte etwas eingebüßt, und er hatte seine Avantgarde an sich gezogen.

Mitternachts, bey ganz dunkeln Himmel, war das
Korps in vollem Marsch, gegen Mittag ging es bei
Berlat auf einer Brücke über, drey starke Meilen
von da wo es gestanden hatte, und zog geraden
Wegs gegen den Seret, wo man glaubte eine Kaiserliche Pontonbrücke anzutreffen, sie stand aber zwey
Meilen höher herauf bey Marletscheftie, wohin sich
die Truppen auf einem schlechten Wege durcharbei-
ten mußten. Gegen Abend fiel ein Platzregen.
Die leichte Kavallerie hatte schon über die Brücke
gesetzt, und der Graf kam mit der Tete der Karabiniers dazu; der Sturm hatte die Brücke gedreht,
und jeden Augenblick war zu befürchten, daß sie ab-
reißen würde; der Uebergang war also gefährlich zu
wagen und die Karabiniers mußten zurück zu der
Infanterie, die im Koth bis an die Knie wadete und

Mann

Mann und Pferd blieb oft stecken; sie bekam ihre Stellung im Walde auf einer hochliegenden ziemlich trocknen Fläche.

Major Kuris wurde befehligt, den Weg und die Brücke in aller Eile ausbessern zu lassen, er stellte 1000 Bauern und 1500 Soldaten an die Arbeit, in der Nacht wurde er damit fertig, und gegen Anbruch des Tages fingen die Truppen an über die Brücke zu defiliren, nachdem der Sturm sich gänzlich gelegt hatte. Das Wetter fing an sich aufzuheitern; voll Vergnügen marschirten die Truppen bis jenseits der Putna, drey Meilen, wo einige Stunden ausgeruht wurde.

Die leichte Kavallerie war vorangeschickt, ihr folgte Burnaschow mit den Karabiniers, und bey früher Tageszeit meldete er sich bey dem Prinzen Coburg am Milkow, der sich sehr über die schnelle Ankunft freute, — und einige Stunden darauf kam auch der Graf mit der Infanterie an. Der Prinz empfing ihn mit herzlicher Freundschaft, zu wiederholtenmalen umarmten sie sich, und dies geschahe auch und ganz unwillkührlich von den sämtlichen Personen der Generalität, Offiziers, selbst von den gemei-

gemeinen Soldaten; sie begrüßten sich wechselsweise
als alte Freunde und Bekannte. Zu einigenmalen
hatte Prinz Coburg während des Marsches dem
Grafen Nachricht gegeben, und schickte sie ihm, bloß
mit Bleystift in sein Taschenbuch geschrieben, zu,
und auf die nämliche Art gab ihm der Graf die Antwort, er schrieb sie jedesmal gleich darunter.

Die türkische Armee war in zwey Märschen gegen den Fluß Rymnik anmarschirt, welcher vier
Meilen vom Milkow, dem Lager des Fürsten Coburg
entfernt war. Die sämtliche russische Reiterey wurde in die Wälder in einer kleinen Entfernung jenseits des Milkow in drey Abtheilungen verlegt, —
und die Infanterie ins Lager am linken Flügel der
Kaiserlichen.

Nachdem sich der Graf eine kurze Zeit mit Prinz
Coburg beredet, setzte er sich wieder zu Pferd, und
ritt mit etlichen Offiziers und Kosaken über den
Milkow auf Entdeckung. Das Feld war auf eine
große Ferne abhängend, er stieg auf einen Baum,
um mehr zu übersehn und nahm seine Maaßregeln.
Er wurde mehrere Wege gewahr, die in die Gegend

des

M. Die Jäger fallen das Holz Kajata an, verjagen den
Feind, der sich zu seinem größern Heer nach N.
flüchtet.

.ani niege ju uverzepu unv nupu seme vicapsegem.

Er wurde mehrere Wege gewahr, die in die Gegend

des

Schlacht bey Rymnik,

von den beyden vereinigten Korps über den Groß=Vezier gewonnen. Den ¹¹⁄₂₂. Septr. 1789.

Erklärung der Zeichen.

A. Die beyden vereinigten Korps gehen über die Rimna in zwey Kolonnen, und stellen sich in Schlachtordnung; die Russen rechts, die Kayserlichen links.

B. Das rußische Korps, nachdem einige österreichische Husaren = Eskadrons dazu gestoßen, marschirte sogleich auf das einzeln stehende türkische Lager — B.

C. Die Brigade des Generals Karatschey, um die Kommunikation zwischen den beyden Korps zu unterhalten.

D. 5000 Mann türkische Kavallerie greiffen den linken Flügel des rußischen Korps an.

E. F. Werden vom Kreuzfeuer eines dazu kommenden Quarees und von Karatschey in die Flucht geschlagen.

G. Die übrigen Quarees und Kavallerie hatten sich unterdessen dem türkischen Lager genähert, ohnerachtet eines heftigen Kanonen = Feuers der Batterie H.

I. Der Feind kam ihnen entgegen, wurde aber zurückgeschlagen, vom Lager und der Batterie verjagt, und zog sich theils ins Holz von Kajata, theils gegen K. zurück, wohin sie von Kavallerie und zwey Quarees verfolgt wurden.

M. Die Jäger fallen das Holz Kajata an, verjagen den Feind, der sich zu seinem größern Heer nach N. flüchtet.

O. Die Truppen halten Raft auf einer Erhöhung.

P. Stellung, die die österreichischen Truppen unterdessen genommen, von türkischer Reuterey angefallen.

S. Position, die sie gegen sie nahmen, und gegen sie vorrückten.

Q. Retranchement des Holzes Kringumálor, wo die Janitscharen lagen.

R. Ihre Kavallerie deckte auf der Fläche die beyden Flügel.

T. Starker Anfall auf General Karatschey.

U. V. Kreuzfeuer gegen diesen Anfall, das ihn völlig zurück schlug.

Y. Die Russen, die von O. nach X. vorgerückt, umgehen die Batterie vor Vochsa.

Z. Die beyden Korps vereinigt gehen aufs türkische Retranchement los, vor welchem sich die Kavallerie in großen Haufen gesammlet.

Aa. Die beyden Korps verfolgen den Feind hinter das Holz;

Bb. nehmen das verschanzte Lager bey Martinesti weg.

Cc. Tags darauf entdeckt die Kavallerie das verlaßne türkische Lager jenseits, und nimmt es in Besitz.

1. Storechti, (auf dem Weg von Forhani). 2. Tyrsogoukouly. 3. Kindechti. 4. Vochsa. 5. Martinesti. 6. Odaja.

des türkischen Lagers führten, der geradeste war nicht der beste, weil öftere Patrouillen sich auf demselben sehen ließen; aber neben demselben befanden sich noch zwey Wege links, wovon aber der letztere wohl eine halbe Meile umging. Als er zurück ritt, traf er auf dem Wege ein paar Eskadrons kaiserlicher Husaren an, die Prinz Coburg aus Vorsorge zu seiner Bedeckung nachgeschickt hatte.

Er besprach sich nunmehr mit Fürst Coburg, und that den Vorschlag, den Türken zuvorzukommen, und bald möglichst sie selbst anzugreifen. Seit dem Ausmarsch aus Putzeni hatte er nicht geruht, hier konnte ers noch weniger. Der Dejur-Obriste des Grafen Zalotuchin beredete sich mit Prinz Coburg wegen genauerer Bestimmung und der letzten Anordnung.

Zwey Eskadrons von Kaiser und Barko Husaren, unter Obristlieutenant Grave, stießen zum Korps des Grafen. Eine halbe Meile konnte verdeckt marschirt werden, vor Nachts also setzten sich die beyden Korps in Bewegung. Suworow, der den linken Flügel des türkischen Lagers anzufallen auf sich genommen, marschirte rechts, auf dem zweyten

II. Theil.　　　　　F　　　　　Weg,

Weg, — und Fürſt Coburg links, und alſo auf
dem dritten.

Mit Anbruch der Nacht, ſetzte ſich alles in
Marſch, Infanterie über die kaiſerlichen Pontons
brücken, Kavallerie und Artillerie durch das untiefe
Waſſer. Es fiel eine dunkele Nacht ein, Generalmajor Posniakow war durch ſeine Wegweiſer irre
geführt, und kam mit der Tete der Infanterie auf
den Weg der Kaiſerlichen, — die Ordnung wurde
aber bald wieder hergeſtellt. Die Nacht ohne Mond-
ſchein war übrigens ſehr vortheilhaft, denn die Truppen konnten nicht entdeckt werden. Alles marſchirte
in größter Stille ohne Signale, und die Kommando-
wörter wurden nicht laut gegeben. Zwey Meilen
waren bis an den Fluß Rymna, der ungefähr 50
Schritte breit, wo ſie einige Stunden vor Tage
ankamen. Die Vorkehrungen, die Fürſt Coburg
getroffen, ſind nicht genug zu loben; auf den Noth-
fall waren ſeine Pontons mitgeführt worden, weil
aber der Fluß nicht ſehr tief war, und um kein Ge-
räuſche zu machen, wurden ſie nicht gebraucht. Das
Waſſer ging kaum bis an die Knie, beym jenſeitigen

Ufer

Ufer aber, welches sehr steil war, bediente man sich zum Aufziehn der Artillerie der starken kaiserlichen Pontonpferde; der Uebergang dauerte deshalb etwas lange, es ging aber alles in bester Ordnung vorüber.

Die Infanterie machte die Tete der Kolonne, und da derselben erste Linie mit hinlänglichem Geschütz übergegangen war, so waren sie sicher. Ein Theil der Kavallerie setzte sich auf ihre Flügel — und so folgte die zweyte Linie der Infanterie mit dem Rest der Kavallerie nach.

Bey Tagesanbruch waren sie jenseits, wo sich das Korps in Schlachtordnung stellte. Sie war in drey Linien, in der ersten und zweyten Infanterie in sechs Quareen, Reiterey in der dritten [h]. Das

F 2 ganze

---

[h] In der ersten Linie zwey Grenadir-Quaree, jedes zu zwey Bataillon, Bardakow und Chastatow, und ein Jäger-Quaree zu zwey Bataillon in der Mitte (wo sich der Graf befand), Narock. Die zweyte Linie, Musquetir, ein schwaches Quaree kaum 500 Mann stark, Graf Apraxin; das Naslowsche, zwey Bataillon, Obrister Scherschnew; das Smolenskische, zwey Bataillon nur 300 Mann stark, Obrister Mlatischir. Zwanzig schwere Feldstücke unter Kommando des Major Helbig. — Ueber beyde Linien war Generalmajor Posniakow, weil Generallieutenant Derselben sehr krank und zurückgeblieben war. Die dritte Linie bestand aus Kavallerie. Drey Eskadrons Resanische Karabinir, unter Brigadir Burnaschow; drey Tschernikowsche, unter

Obrist

ganze russische Korps bestand aus beynahe 7000 Mann; die kaiserlichen Truppen marschirten gleichfalls in drey Linien. Neun Quarees in den zwey erstern, die Kavallerie in der dritten; in allen 18000 Mann (beyde Korps ungefähr die nämliche Anzahl, als bey der Schlacht von Foxhani).

Die Sonne ging auf; die Linien rückten vor, über ein Feld mit aufgewachsenem türkischen Korn und wilden Kräutern von halber Mannshöhe, und bis zum nächsten türkischen Lager, das vor ihnen stand, waren 1½ Meilen. Keine einzige feindliche Patrouille stieß auf sie, und sie wurden gar nicht entdeckt. Der vorher von den Türken ausgeschickte Spion brachte die Nachricht mit, daß die Russen unter Puzeni stunden, und der Zeit und Entfernung nach konnte man nicht vermuthen, daß sie schon angekommen wären (jener Ausgeschickte, wegen seiner

ner

Obrist Poliwanow; drey Starodubowsche, Obrister Miklaschewski. Zwey Eskabrons Kaiser und Barko Husaren waren auf die beyden Flügel vertheilt, auf jedem derselben befand sich auch ein Grekowsches Kosaken-Regiment, jedes zu 300 Mann und 800 Arnauten in zwey Abtheilungen unter Major Sabolewski, Murawjow und Falkenhagen.

ner vermeynten falschen Nachricht, verlor nachher seinen Kopf); aber ein Lieutenant Burnaschow, der vom Grafen während des Marsches nach Marietschestie wegen der kaiserlichen Pontons geschickt wurde, begab sich, nachdem er es besorgt hatte, des geraden Wegs nach Rymnik, und stieß unvermuthet auf einige Türken, die ihn bey seiner muthigen Gegenwehr, nebst einem Unteroffizier und Kosaken, verwundeten und gefangen nahmen. Er mußte ihnen Nachricht vom Anmarsche des feindlichen Korps geben, welcher sie nicht glauben wollten, und ihn zum Großvezier abschickten. Er kam bey ihm an, als schon das Gefechte anfing; das russische Korps benannte er ihm weit zahlreicher als es war, und da er ihm auf die Anfrage: wer der kommandirende General von den Russen sey? antwortete — Suworow; so erwiederte der Großvezier, es müsse ein anderer gleiches Namens seyn, weil jener an seinen Wunden auf Kinburn gestorben.

Das russische Korps kam dem türkischen Lager, das an ihrem rechten Flügel stand, näher. Das Terrein ging allmählig bergauf, und sie kamen an

viele

viele steile und breite Erdbrüche, wo die Türken, als sie noch eine Viertelmeile von ihnen entfernt waren, ihr Kanonenfeuer eröffneten. Die Russen gingen ihm mit starken Schritten entgegen. Es kostete viel Mühe sich über die Erdbrüche durchzuarbeiten, die mehrsten Kanonen fielen um, und sie mußten alle Kräfte anstrengen die Schwierigkeiten zu überwinden.

Unterdessen hatte die Kavallerie des rechten Flügels unter Brigadier Burnaschow den Angriff gethan. Die Türken standen auf einer Anhöhe, und durch eine Vertiefung kamen sie der Kavallerie mit Uebermacht in die Flanken, wendeten sie um, verfolgten sie, und griffen das am rechten Flügel stehende Grenadier = Quaree Chastatow an. = Sie waren 6 bis 7000 Mann stark, Janitscharen hatten sich mit auf die Pferde der Spahis gesetzt, sprangen herunter und fochten also zu Pferd und zu Fuß unter beständigem Kartätschen = und Flintenfeuer eine Stunde lang. Endlich wurden sie mit großem Verlust zurückgetrieben; die Janitscharen sprangen wieder auf die Pferde, und nahmen wieder mit den übrigen die Flucht, und die Reiterey unter Burnaschow
setzte

setzte ihnen nach, sobald sie den Rücken zeigten, hieben viele herunter und verfolgten sie eine große Strecke.

Das türkische Lager ohnweit dem Flecken Tyrkogukult, wurde bald ledig, es stand auf einer steilen Anhöhe, wo 12,000 Mann waren befindlich gewesen; 3000 Mann Infanterie, 2000 Arnauten zu Pferd vom Wallachischen Fürsten Mafrogeni (welche vor wenigen Tagen erst von dorther gekommen waren), flüchteten über den Flecken Rymnik wieder dahin zurück, die übrigen 7000 Mann Reiterey gingen zum Heer des Großveziers. Infanterie und Kavallerie eilten mit solcher Schnelligkeit, daß die Russen keine der acht Kanonen wegnehmen konnten, die sie bey diesem Lager gehabt, und mit sich fortzogen.

Wie das Gefechte unter Tyrkogukult anfing, und die ersten Kanonen gelöst wurden, bat Osmann Pascha, — der sich so tapfer bey der Putna gehalten hatte, beym Großvezier um 5000 freywillige Spahis, und aus der Entfernung von einer Meile, drang er muthig auf den linken russischen Flügel. Wladischin mit dem Smolenskischen Quaree war noch nicht aus der Verschanzung heraus, als ihn Osmann um-

um-

umflügelte; das Gefechte war äußerst hitzig. Obrister Scherschnew, der die Gefahr einsah, kehrte mit seinem Quaree durch die Tiefe um, half viel dem Obristen Wladischin durch sein Kreuzfeuer, und Osmann ergriff die Flucht, nachdem er viele Mannschaft verloren hatte.

Die sämtlichen Quarees nahmen ihre Schwenkung links gegen Bochsa und Kringumálor; das Quaree Elastatow aber, hielt noch eine Zeitlang seine Stellung, weil der Anführer des Quaree es für zu gefährlich hielt, die entfernte und fast abgeschnittene Kavallerie zurückzulassen; und als sie angekommen war, rückte er den übrigen nach, die schon einige Werst marschirt waren, und etwas rasteten; dies Quaree hingegen hatte keine Zeit zum Ausruhen, sondern ging beym Aufbrechen der übrigen sogleich weiter.

Die Türken waren unterdessen der schwachen Anzahl des russischen Korps kundig worden. 15,000 Mann Reiterey waren dem Osmann Pascha nachgefolgt, um die geringe Mannschaft einzuschließen, ehe sie noch die Höhe von Bochsa erreicht hatte. Fürst Coburg,

Coburg, der einen weitern Weg genommen, und fast eine Meile niedriger über den Rymnafluß gegangen war, hatte sich während dem Gefechte bey Tyrfogukuli ungefähr eine halbe Meile den Russen genähert; dieser Schwarm Türken von 15,000 Mann kam unvermuthet unter seine Kanonen, und mußte sich in's Gefechte einlassen, welches fast zwey Stunden dauerte. Karatschey stand am rechten Flügel der Oesterreicher, und wurde am meisten gedrängt; seine Kavallerie hauete sich mehreremale in die Türken ein, welche viel vom Kartätschen und Flintenfeuer litten, und endlich zurückgetrieben wurden.

Gegen Mittag wurde es allerseits ruhig, da in der Nähe keine Türken zu sehen waren. Der Graf versammelte seine Quarees und Reitereyen unter einem Hügel, ohnweit dem Dorfe Kajata, eine Meile von Tyrfogukuli i). Hier rastete die ermüdete Mann-

F 5   schaft

---

i) Auf diesem Hügel befanden sich noch die Rudera einer vormaligen starken Befestigung, von welcher noch die Sage im Lande herrschte, daß, wer davon sich Meister macht, die Schlacht gewinne, und wer davon im Besitz bleiben, die Wallachey besitzen würde. — Die wahre Veranlassung von dieser Sage ist, daß dieser Hügel der Mittelpunkt der vor Alters benannten Josphanischen Felder war, welche sich

schaft eine Stunde an kleinen Bächen, die Pferde wurden abgetränkt, und die Menschen nahmen etwas Speise zu sich. Ein Theil der Türken, die vorher gegen die Russen gefochten, fütterten gleichfalls ihre Pferde in einiger Entfernung von ihnen.

Als das Korps gegen Tyrkogukuli marschirte, waren ihre Linien gegen Mittag gerichtet, jetzt, da sie sich ganz links geschwenkt, standen sie gegen Osten. Eine halbe Meile vor ihnen lag das Dorf Bochsa; Fürst Coburg befand sich in der nämlichen Entfernung, aber mehr seitwärts; und der Großvezier mit dem ansehnlichsten Theil seiner Armee, über eine Meile von diesem Dorfe jenseits des Waldes Kringumálor am Flusse Rymnik. Längs der vordern Hälfte des Waldes hatten die Türken Verschanzungen aufgeworfen, innerhalb welcher sie ihre schwere Pagage zurücklassen wollten, und des folgenden Tages auf Prinz Coburg losgehn, man war ihnen

sich von der Putna bis zum Flusse Buseo nach Brahilow zu, erstreckten, auf welchem viel blutige Treffen geliefert worden. In der Gegend von Rymnik hat Bajazed den Hospodar Stephan mit 60,000 Mann geschlagen.

ihnen aber zuvorgekommen, und sie waren noch nicht
vollkommen fertig geworden. Während des Gefechtes arbeiteten sie noch an einigen Orten; vom
Walde nach dem Dorfe Bochsa hatten sie angefangen eine Kommunikationslinie anzulegen, die Dörfer Kajata und Bochsa gleichfalls verschanzt, und
Kanonen aufgepflanzt, die mit Kreuzfeuer das
Schlachtfeld von Tyrkogukuli bis Kringumâlor beschossen. Diese schon fertigen Batterien waren nun
unbrauchbar, da sie durch Suworows Schwenkung
umgangen worden.

Ein Uhr Nachmittags fingen die Russen an das
Gefechte zu erneuern; alles setzte sich wieder in Bewegung, sie rückten gegen das Dorf Bochsa, und
die Arnauten sprengten voraus und fielen einen Haufen an. — Der Großvezier zeigte sich so eben selbst
mit einer zahlreichen Kavallerie, und mit Vereinigung derjenigen 20,000 Mann, die Vormittags
gefochten hatten, fiel er, 40,000 Mann stark, das
Korps des Fürsten Coburg von allen Seiten an;
drängte mit dicken Haufen besonders den rechten
Flügel, wo Karatschen etwas abgesondert stand,

seine

seine Reiter gingen muthig auf Kartätschen = und
Musquetenfeuer — und selbst aufs Bajonet loß.
Die Kaiserlichen waren in großer Gefahr, schlugen
aber mit größter Standhaftigkeit sechs Angriffe ab;
die ungarischen Husaren hielten sich besonders tapfer,
vorzüglich wie sie in die zurückweichenden Türken
einhaueten, und oftmals wegen der Uebermacht sich
durchschlagen mußten.   Fürst Coburg schickte zu wie=
derholtenmalen Offiziers zum Grafen, daß er sich
ihm nähern mögte.

Schnell war letzterer hinter das Dorf Bochsa,
die daselbst angelegten Batterien waren unbrauch=
bar, da er sie umgangen (vid. Plan Y), die Tür=
ken thaten im Davonlaufen nur einige Schüsse auf
ihn, und eilten die Kanonen zu retten, und hinter
die Verschanzungen von Kringumálor zurückzuziehn.
Die Spahis kamen herbey, um die Quarees im
Vorbringen aufzuhalten, sie thaten mehrere, wie=
wohl nur einige heftige Anfälle, sprengten die ruß=
sische leichte Reiterey, wurden aber von den Eska=
drons der regulairen Truppen empfangen und zu=
rückgetrieben; besonders beym letztern Verfolgen
                                        haueten

ezier 1789.

haueten die Tschernikowschen Karabinirs und Kaisers
Husaren, einige hundert Mann nieder.

Sobald der Graf jenseit des Dorfes war, wo
er ein geräumiges Terrein fand, stellte er sogleich
seine Linien in volle Ordnung. Die Türken machten
ein heftiges Kanonenfeuer aus ihrem schweren Ges
schütz, das im Walde Kringumálor stand, und die
Quarees ungeachtet der Entfernung erreichte, dess
gleichen aus ihren beweglichen Batterien, die sie
immer mehr zurückzogen; da aber die Russen aufs
wärts marschirten, so war der größte Theil des Kas
nonenfeuers ohne Erfolg.

Sie rückten mit starken Schritten auf den Wall
los, und da der linke Flügel der Russen vom rechten
des Prinzen Coburg, wie auch vom Walde nur noch
eine Viertelmeile entfernt war, so machte der Graf
den Plan zum entscheidenden Angriffe, der den Auss
schlag diesem langdauernden Treffen geben sollte.
Die Linie der Russen und Kaiserlichen, machten mit
dem benannten Zwischenraum einen Rechtwinkel
aus, erstere waren gegen Osten, letztere gegen Süs
den gerichtet, eine für die Türken sehr unvortheil
hafte

hafte Stellung. Der Graf schickte den Dejur-Obri-
sten Zalotuchin zum Prinzen Coburg mit dem Ansuchen, daß er, wenn er den Angriff von seiner
Seite sehen würde, auf einmal auch seiner Seits
anrücken mögte.

Noch war Coburg im vorigen Gefechte mit den
Türken, die beym stärkern Vorrücken der Russen ins
Kreuzfeuer der beyden Korps kamen, viele Mannschaft auf der Stelle ließen, und bald das ganze Feld
räumten. Sie flüchteten in voller Zerstreuung zu
ihrer Armee, die im Walde stand, und zu der noch
starke Haufen vom Lager beym Rymnik hinzukamen.
Diese Schaaren dehnten sich allmählig nach dem
rechten Flügel der Russen aus, mit dem Vornehmen,
ihnen in Rücken zu fallen, aber man kehrte sich nicht
an ihre Bedrohung.

Je schneller die beyden allirten Korps der ange-
zeigten Ordnung nach vorrückten, desto mehr wurde
der Raum zwischen ihnen verkürzt. Der kaiserliche
linke Flügel dehnte sich gegen die rechte Spitze des
Waldes aus, die russischen Quarees hatten sich in
einem halben Mond gestellt, und waren bis aufs
Feld-

Feldgeschrey dem verschanzten Walde nahe gekommen; die Kanonade aus demselben war fürchterlich,
und um weniger Mannschaft zu verlieren, befahl der
Graf der Kavallerie den Angriff durch die Zwischen-
räume der Quarees zu machen, da der Wald unmit-
telbar hinter dem Retranchement sehr lichte war, so
daß die Reiterey durchkommen konnte. Es lagen
hier über 15,000 Janitscharen, der größte Theil
sogenannte Dalglitschen (bloße Säbel), und die
beyden Flügel des Waldes waren durch ihre Reiterey gedeckt.

Die lange und fürchterliche Linie der Kavallerie
setzte über Gräben und Wälle, hauete in die Janitscharen ein, und machte ein schreckliches Niedermez-
zeln; sie wehrten sich mit Verzweifelung, Säbel
und Dolch in der Hand, und ließen sich bey ihren
Kanonen als angekettet niederhauen. Miklaschewski
mit den Starodubowschen Karabinirs und die Husaren von Kaiser und Barko waren die ersten, die in
voller Karriere eindrangen; von der Spitze des rechten Flügels gingen die Kosaken und Arnauten auf
die türkische Reiterey los, schlugen sich durch sie
durch

durch und fielen den Wald von hinten an, und die
kaiserlichen Arnauten und Ulanen thaten desgleichen
am linken Flügel. Sämtliche Quarees der Infan=
terie drangen der Kavallerie bald nach, sie stachen
alles nieder, was ihnen in Weg kam. Des Obristen
Barbakow Grenadir=Quaree, welches das nächste
an den Kaiserlichen war, wie auch Kaunitz und
Kolloredo, thaten sich besonders hervor.

Vier Uhr Nachmittags waren die kombinirten
Korps Meister vom Walde, die Türken hielten nir=
gends mehr Stich, und in größter Unordnung such=
ten sie ihre Rettung in der Flucht. Obrister Scher=
schnew mit seinem Quaree wurde von russischer Seite
zurückgelassen, um den Wald zu besetzen und die er=
oberte Artillerie zu bewahren, die sämtlichen übrigen
Reiter und Fußvolk setzten nach, um den Feind auf
der Hacke zu verfolgen. Aller Orten sahe man
nichts als Niedermetzeln. Wegen des großen Heers
der Feinde und schwachen Anzahl der beyden Korps,
wurde kein Pardon gegeben, die Russen und Kai=
serlichen stachen und haueten alles nieder, was ihnen
vorkam. Poliwanow mit seinen Eskadrons fiel

auf

auf einen Schwarm, und hauete gegen 500 Mann
nieder.

Von jenseits Kringumálor bis an den Fluß
Rymnik ist noch eine kleine Meile. Viele Artillerie-
kasten, welche die Türken aus dem Wald retten
wollten, lagen am Wege, sie hatten Feuer unter-
gelegt und sprengten sie in die Luft, welches viele
Hindernisse im Verfolgen machte, und mehrere
beschädigte.

Der Großvezier, ein kluger und tapferer Mann,
war seiner Gesundheit wegen, da er schwindsüchtig
war, gegen türkischen Gebrauch im Wagen angekommen, während der Schlacht aber saß er zu
Pferd, und that sein Möglichstes, seine Mannschaft
zu sammeln, und wieder zum Gefecht zu bringen.
Er beschwur sie beym Koran, den er in die Höhe
hielt; — und, um alles zu versuchen, ließ er seine
zwey leichten Kanonen, die er bey sich hatte (die
auch die einzigen sind, welche gerettet wurden), gegen
die Fliehenden richten und auf sie feuern; — aber es
war kein Gehör mehr, und nichts konnte ihnen Muth
einflößen. Einigemal sahe man Osmann Pascha seine
Schaaren umkehren, — aber sie hielten keinen Stich.

II. Theil.   G   Die

Die Sonne war im Untergehn, als die Sieger beym Fluß Rymnik ankamen. Eine Menge Menschen, Pferde und Vieh lagen in demselben und waren ertrunken, und mehrere Hundert Wagen und Karne hatten den Lauf desselben an mehrern Orten gehemmt. Alles, was sich nur flüchten konnte, hatte sich in größter Eile jenseits zu retten gesucht.

Hier, diesseits stand das Lager der türkischen Hauptarmee. Man konnte daselbst, wegen der großen Unreinlichkeit, kaum reine Luft athmen. An verschiedenen Orten lagen Pulverfässer, bey welchen die Türken, ehe sie die Flucht genommen, brennende Lunte beygelegt, auch waren Fugassen gegraben, deren etliche zwischen den Truppen in die Luft sprangen, und einige Mann verwundeten. In diesem Lager und besonders im Flusse fanden die Soldaten große Beute.

Der Graf hatte schon vorher beschlossen, für diesen Tag keinen Schritt jenseits des Rymnik zu thun, da seine Truppen von der Arbeit des ganzen Tages, und vorher gethanen großen Marsches, ermüdet, und Ruhe bedürftig waren. Er lagerte sich

eine

eine halbe Meile von Fürst Coburg. Dieser muthige und unermüdete Feldherr kam bald darauf in Suworows Zelt, und mit der innigsten Freundschaft wünschten sie einander Glück, auch kamen mehrere von seiner Generalität und Staabsoffizieren ins russische Lager. General Karatschey war unzertrennlich vom Grafen.

Desselben Abends war ein Kourier vom Fürsten Potemkin an Fürsten Coburg angekommen. Unter andern hatte er ihm einen Verweiß gegeben, darum, daß die Pontonbrücken nicht fertig gewesen, welchen Fürst Coburg sehr übel aufnahm, da er als Reichsfürst und im Dienste des römischen Kaisers, nicht unter seinem Kommando stand; — und hätte er diesen Kourier früher bekommen, so würde er, ließ er ihm sagen, gar nicht angegriffen haben.

Des andern Morgens bey Tagesanbruch ließ der Graf die zwey Kosaken-Regimenter, alle Arnauten und die zwey kaiserlichen Husaren-Eskadrons über den Fluß setzen, um das verlassene jenseits stehende türkische Lager einzunehmen und die Türken noch weiter zu verfolgen. Jenes war des Groß-

veziers

veziers eigenes abgetheiltes Lager. Man fand daselbst großen Reichthum, und das prächtige große Zelt dieses Oberbefehlshabers, inwendig mehrentheils von Gold= und Silberstoff. Einige hundert Türken wurden auch hier noch angetroffen und niedergemacht.

Auch in den Wäldern waren viele Türken zurückgeblieben, und glaubten sich zu retten. Um selbige zu reinigen, schickte Fürst Coburg Infanterie und Husaren, welche sie niederhaueten, auch viele von den Bäumen herunterschossen, wo sie sich verbergen wollten.

So wurde am $\frac{11}{22}$. Septemb. auf einer Wahl= statt von fünf Meilen im Umfang, der vollkommene Sieg über das Heer der Osmannen unter Anführung des Großveziers am Ufer der Rymnik erfochten (von den Kaiserlichen wurde die Schlacht genannt, bey Martinesti, von einem Flecken dieses Namens, welcher nahe am Ufer des Rymnik gelegen, aber nicht mehr stand).

Der Verlust der Türken bestand in 5000 Mann auf der Wahlstätte, 2000 beym Verfolgen, nach=

mals

mals in Wäldern niedergemacht und an Wunden
geſtorben, und 3000 Mann im Rymnik und Buſeo
ertrunken (unter dieſer Zahl war auch der Reis-
Effendi); zuſammen 10,000 Mann. Die Zahl der
Gefangenen war ſehr gering, aus der ſchon oben
erwähnten Urſache. — Der Großvezier in ſeiner
Relation an den Großherrn, gab ſeinen Verluſt mit
Inbegriff der Entlaufenen auf 20,000 Mann an.

Die vereinigten Korps hatten wenig eingebüßt.
Kaiſerlicher Seite waren 150 Mann geblieben,
worunter nur wenig Offiziers, und gegen 300 Verwundete. Die Ruſſen zählten 57 Mann an Todten,
worunter ein Koſaken-Offizier, und 110 Mann
waren verwundet.

Sie nahmen den Türken 80 Kanonen (unter
welchen zwölf Mörſer und ein Viertheil Belage-
rungsgeſchütz) und 100 Fahnen weg, und machten
großen Vorrath von Ammunition, Proviant und
Vieh zur Beute.

Das Heer der Türken war 90 bis 100,000
Mann ſtark (ſie rechneten ſich 115,000), worunter
60 bis 70,000 auserleſene Mannſchaft. Drey Pa-
ſchen von drey Roßſchweifen, drey von zwey und

viele

viele andere. Der größte Theil des Heers bestand
aus Reiterey. — Die alliirte Armee belief sich kaum
auf 25,000 Mann, wie oben schon erwähnt worden.

Der Großvezier floh mit der Armee nach Brahilow, wo er sich ein paar Wochen aufhielt, um
seine zerstreute Mannschaft zu sammeln; und weil
alles über die Donau zurücklaufen wollte, so mußte
er auch übersetzen, und zog nach Schumla, wo ihn
die Armee größtentheils verließ. Er selbst ging
nach seiner Heimat in Rumelien, weil er ein sehr
kränklich und schwindsüchtiger Mann war. Wegen
der verlornen Schlacht wurde er nicht bestraft, und
starb des folgenden Jahrs an seiner Krankheit. An
seine Stelle als Großvezier kam der bekannte Hassan
Pascha, der Seraskier, und vorher Kapitain Pascha
gewesen war.

Der Sieg sollte weiter verfolgt werden, Pontons waren schon vorräthig, um selbst über den
Buseo zu setzen und gegen Brahilow vorzudringen;
aber das Schicksal hinderte es, und das Vorhaben
fand nicht statt. Auswärtige veränderte Verhält-
nisse

niſſe trennten die beyden Korps. Am dritten Tag nach der Schlacht ſpeiſte der Graf beym Fürſten Coburg, nahm von ihm, als von einem Freunde, den er ſehr ſchätzte, Abſchied, und ging ſeines Wegs zurück nach Berlat. Prinz Coburg verlegte ſich nach Foxhani, bald aber bekam er den Befehl in die Wallachen einzurücken. Er hielt ſeinen Einzug in Bukareſt als Ueberwinder des Großveziers, und verlegte ſeine Truppen in die Winterquartiere in benanntes Fürſtenthum.

Die Einnahme von Bender und zum Theil von Belgrad waren die Folgen des Siegs bey Rymnik. Erſteres ergab ſich an Fürſt Potemkin, da einige von der Schlacht Entlaufene dem daſelbſt kommandi= renden Paſcha von der Niederlage des Großveziers die Nachricht gegeben. Garniſon und Bürger er= hielten Sicherheit für ihr Leben und Güter, und einen freyen Abzug über die Donau. — Letzteres kapitulirte, nachdem die Vorſtädte durch Sturm eingenommen, den $\frac{28}{9}\frac{Septemb.}{Oktob.}$ an Feldmarſchall Laudon.

Fürſt

Fürst Coburg wurde zur Belohnung vom Kaiser zum General-Feldmarschall erhoben, — Suworow machte er zum Reichsgrafen, vermittelst beyfolgender Zuschrift. —

Die Kaiserin überhäufte ihn mit Belohnungen. Sogleich überschickte sie ihm (so wie auch dem Fürsten Coburg) einen reich mit Brillianten besetzten Degen, mit der Inschrift unter einem Lorbeerzweig: „dem Ueberwinder des Großveziers,‘‘ desgleichen die Zeichen des Andreasordens, reich mit Brillianten besetzt [k]). Nicht lange darauf erhielt er das Diplom der russischen Reichsgrafenwürde, mit dem Zunamen Rymnikky (beyde Diplome als Graf, waren unter einem Datum ausgefertigt) und das Band, oder die erste Klasse des Georgenordens.

Auch die Offiziers und Soldaten der beyden Korps erhielten Belohnungen; viele der erstern wurden avancirt oder bekamen Ordens, letztere erhielten ein Geschenk an Geld, und unter diejenigen, die sich besonders ausgezeichnet, wurden runde silberne Me-

---

k) Man schätzt den Werth der Brillianten am Degen und Andreasorden auf 60,000 Rubel.

Medaillen ausgetheilt mit der Inschrift Rymnik, und die Erlaubniß gegeben, sie auf der Mountur zu tragen.

Folgendes sind die Schreiben Sr. Majestät des römischen Kaisers und der russischen Kaiserin an den Grafen; ersteres in deutscher Sprache, letzteres aus dem Russischen übersetzt:

Herr General en Chef.

Wie vergnüglich mir die Nachricht des am Rymnikflusse den $\frac{11}{22}$. Septemb. über den Groß: vezier erfochtenen Sieges war, werden Sie selbst leicht beurtheilen. Ich erkenne in voller Maaße, daß ich selben vorzüglich Ihrer so geschwinden An: schließung an das Korps des Prinzen Coburg sowohl, als Ihrer persönlichen Tapferkeit und dem Heldenmuth der unter Ihrem Kommando stehenden Truppen Sr. Majestät zu verdanken habe.

Empfangen Sie also zum öffentlichen Zeichen meiner Erkenntlichkeit das hierbeyliegende Reichs: grafen: Diplom. Ich wünsche, daß Ihre Familie sich dadurch dieses glorreichen Tages auf beständige Zeiten erinnern möge, und ich zweifle nicht, daß

G 5   Ihro

Ihro Kaiserliche Majestät aus Freundschaft gegen mich, und aus billiger Wohlgewogenheit gegen Sie Herr General en Chef gestatten werde, dieses Diplom anzunehmen, und davon Gebrauch machen zu dürfen. Seyn Sie übrigens versichert, daß ich mit aller Hochschätzung bin

Ihr wohlaffektionirter

Wien,   Joseph.
ben 9. Oktob. 1789.

————————

Unserm General en Chef Grafen Suworow Rymnikky.

Ihr besonderer Eifer, den Sie in Ihrem vieljährigen Dienste bewiesen haben, und die Sorgfalt und Pünktlichkeit in der Ausführung der Aufträge des Oberbefehlshabers, Ihr Fleiß, Kühnheit und außerordentliche Geschicklichkeit, die Sie besonders beym Angriff der vom Großvezier angeführten zahlreichen türkischen Armee den $\frac{11}{22}$. Septemb. beym Flusse Rymnik gezeigt haben, wo Sie mit unsern Truppen und mit dem Korps unsers Bundesgenossen Sr. Majestät des römischen Kaisers unter dem

Kom-

Kommando des Prinzen von Sachsen = Coburg, einen völligen Sieg über die Feinde erhalten haben, machen Sie sich unserer besonderen Kaiserlichen Wohlgewogenheit würdig. Um dies zu erkennen zu geben, begnadigen und ernennen wir Sie nach der Einrichtung unsers Kriegsordens des heil. Georgs zum Ritter dieses Ordens vom großen Kreuze der ersten Klasse, und befehlen Ihnen, die hier mitgeschickten Ordenszeichen anzulegen.

St. Petersburg, **Katharina.**
den 18. Oktob. 1789.

Mein gnädiger Herr Graf Alexander Wasilowitsch.

Ihre Unerschrockenheit und Geschicklichkeit in Anführung der Armee, die Sie bey der Schlacht am Flusse Rymnik bewiesen haben, wo Sie einen vollen Sieg über den Großvezier davon getragen, geben Ihnen das Recht zur Erlangung des Kriegsordens des heil. Georgs von der ersten Klasse.

Se. Kaiserliche Majestät hat geruht Ihrem Verdienst diese Gerechtigkeit wiederfahren zu lassen.

Mit

Mit einem besondern Vergnügen übersende ich
Ihnen den Gnadenbrief Sr. Kaiserlichen Majestät
mit dem Ordenszeichen, und sehe den brennenden
Eifer zum voraus, mit welchem Ewr. Erlauchten
nach neuen Thaten im Dienst Sr. Kaiserlichen Majestät ringen werden. Seyn Sie von der wahren
Hochachtung und aufrichtigen Ergebenheit überzeugt, mit welcher ich die Ehre habe zu seyn.
Ewr. Erlauchten

ganz gehorsamer Diener

Fürst Potemkin Tauritschewski.

Im Lager bey Bender,
den $\frac{3}{14}$. Novemb. 1789.

Fünfter

Fünfter Abschnitt.

Inhalt.

Der Graf ging in kleinen Märschen über den
Seret nach Berlat, lagerte sich an diesem Flusse
unter dem Städtchen Tekutsch, wo er etliche Tage
blieb, und die ausführliche Relation von der gelie-
ferten Schlacht abfaßte, die er nach Petersburg
schickte, auch darauf das Siegesfest feyerte. Ende
Septembers kam er bey Berlat ins Lager, und den
1. Oktob.

1. Oktob. beging er feyerlich den erfochtenen Sieg auf Kinburn.

Während seiner Abwesenheit war Generallieutenant Michelson mit seinem Korps unter Faltschi angekommen und stand eine Zeitlang unter des Grafen Befehlen; desgleichen kamen noch einige Regimenter Infanterie und Kavallerie und zwey Kosaken-Regimenter dazu, die bey des Grafen Korps verblieben, und sämtlich bald von ihm in die Winterquartiere verlegt wurden.

Diesen Winter stiftete der Graf Freundschaft mit dem Seraskier von Brahilow; sie beschenkten sich wechselsweise mit Fischen oder andern Eßbarkeiten; der Graf versprach ihm Nachricht zu geben, wenn er ungefähr gegen Brahilow anrücken würde, insgeheim war aber schon verabredet, wie der Seraskier nur dem Schein nach die Festung vertheidigen, sie aber bald, unter schon bestimmten Bedingungen überliefern wolle; — aber es kam nicht darzu, denn es wurden dem Grafen so viele Schwierigkeiten und Hindernisse in den Weg gelegt, die er nicht hinweg zu räumen vermochte.

Das

Das Coburgische und des Grafen Korps standen auf beyden Seiten des Seret neben einander in den Winterquartiren. Generals, Offiziers und Soldaten lebten im größten Einverständniß, und es schien, als wenn sie beyde nur Einem Monarchen zugehörten. Nach der Einnahme von Belgrad bekam Fürst Coburg ansehnliche Verstärkung seiner Truppen aus dem Bannat, so daß er gegen das Frühjahr eine Armee von 45,000 unter seinen Befehlen hatte.

Das Verlangen der Kaiserlichen war, das Korps des Grafen sollte sich frühe mit den ihrigen vereinigen, um gemeinschaftlich den Feldzug zu eröffnen. Aber es fanden sich Hindernisse; der Graf hatte noch keine Ordre zum Aufbruch, und lag noch in den Winterquartiren, als Fürst Coburg Mitte Aprils den größten Theil seiner Armee unter Bukarest versammelte, und auf Schursche loßging; die Belagerung wurde aber aufgegeben, und er lagerte sich wieder bey Bukarest.

Nach der Einnahme von Bender im vorigen Jahre, schickte Hassan Pascha, damaliger Großvezier,

vezier, aus Schumla, wo er sich befand, einen Abs
geordneten zu Fürst Potemkin und ließ Friedens,
vorschläge thun. Mehrere Couriers wurden gewechs
selt, die Sache erhielt ein ernstes Ansehn, und wahrs
scheinlich würde der Friede zu Stande gekommen
seyn, wenn nicht durch den Tod des Hassan Pascha,
den der Divan befördert, diese Hoffnung wäre vers
loren gegangen, denn die dortigen Minister waren
für die Fortdauer des Kriegs.

Jussuf Pascha, der im Anfang dieses Kriegs
die Würde des Großveziers begleitete, und erst
kürzlich nach dem Absterben des alten Hassan Pas
scha zu dieser Stelle wieder erhoben worden, kam
Mitte des May mit seiner Hauptarmee, die er
bey Schumla versammelt hatte, unter Rustschuk
jenseits Schursche an, und ging auf dieser Stelle
über die Donau.

Er machte langsame Fortschritte, so daß er Ende
dieses Monats erst wenige Mannschaft übergesetzt
hatte, welche sich unter Schursche lagerte. — Der
Vezier war des Vorhabens, den Fürsten Coburg
unter Bukarest anzugreifen, und wenn es ihm ge,
lingen

llngen sollte, sich von dieser Hauptstadt, und der ganzen Wallachey Meister zu machen.

Der Zeitpunkt kam, wo Suworow zufolge erhaltener Befehle aufbrechen, und zum Fürsten Coburg stoßen sollte. Er ließ zwey Bataillons mit ihren vier Feldstücken, drey Eskadrons Kavallerie, 200 Kosaken und 500 Arnauten bey Berlat zurück. Das Reserve-Korps blieb am Pruth unter Generallieutenant Grafen Melin, nachher kam es größtentheils bey Tekutsch zu stehen, und Melin wurde vom Fürsten Gallizin abgelößt.

Der Graf gab seinen Truppen, da er sie aus den Winterquartiren rücken ließ, das Rendez-Vous bey Killieni am Ufer jenseits des Seret, wo die kaiserlichen Pontonbrücken waren, zwanzig Meilen von Berlat, und den 10. Jun. war das ganze Korps an dem bestimmten Orte versammelt.

Das Korps bestand aus vier Grenadir- und acht Musquetir-Bataillons, nebst ihren Regiments- und zwanzig schweren Feldstücken; zwölf Eskadrons Karabinir; vier Regimenter Kosaken — zusammen 1500 Mann, — und 2000 Arnauten. Es stand

II. Theil.   H   unter

unter den Befehlen des Generallieutenant Derselben und der Generalmajors Londskoy und Posniakow. Vierzehn Tage lag es auf einer festen Stelle
bey Kilieni, wo es unterdessen in verschiedenen
Manoeuvers geübt wurde.

Um diese Zeit erhielt der Graf vom Kaiser
Leopold nach dem Tode Josephs einen Brief folgenden Inhalts:

Herr General en Chef.

Ihr Schreiben vom $\frac{11}{25}$. März ist mir richtig
durch meinen Feldmarschall Prinzen von Coburg
zugekommen. Die Gesinnungen, mit welchen Sie
weyland seiner Majestät dem Kaiser meinem Bruder
zugethan waren, und die Sie nun nach seinem
höchstbetrübten Hintritt Mir und dem Besten der
gemeinen Sache versprechen, sind mir sehr werth,
und mit besonderm Vergnügen zu vernehmen gewesen. Ich versichere Sie Herr General en Chef, daß
ich recht sehnlich wünsche die Gelegenheit zu über-
kommen, wo ich Denenselben ebenfalls meine Achtung und Hochschätzung bestätigen kann.

Wien, den 10. May 1790.   Leopold.

Ein

Ein großer Theil der türkischen Armee hatte unterdessen bey Schursche über die Donau gesetzt. Fürst Coburg benachrichtigte den Grafen davon durch einen Eilboten, und bat, daß das russische Korps sich ihm nähern möchte. Der Graf brach sogleich dieselbige Nacht (26. Jun.) auf, und kam acht Meilen den Seret hinunter nach Girneschtie, wo er einen Monat stehen blieb.

Auf abermalige Veranlassung eines Briefs von Prinz Coburg, der meldete, daß die Türken in starkem Anmarsch wären, und schon zahlreiche Parthenen ins Innere des Landes geschickt hätten, setzten sich die Truppen sogleich wieder in Bewegung, gingen in zwey Tagen zehn Meilen und lagerten sich bey Nesipeni am Flusse Buseo. Da fast alle Flüßchen von der großen Hitze ausgetrocknet, hatten sie auf diesem Marsch sehr viel ausgestanden. Mesarosch, kaiserlicher General-Feldwachmeister, stand rechts von den Truppen mit einem kleinen Korps im Lager.

Hier blieb Suworow eine Zeitlang, als (11. August) Obrister Fischer von Prinz Coburg mit einem

Brief

Brief und mündlichen Aufträgen ankam. Der Großvezier stand mit dem größten Theil seiner Armee diesseits der Donau, seine Avantgarde war schon einige Meilen von Schursche vorgerückt. Schon begegneten sich die beyderseitigen Vorposten, und es hatte allen Anschein, daß das türkische Heer ihn im Kurzen angreifen würde.

Fischer ging bald zurück, der Graf gab seine Befehle, und in dreymal vier und zwanzig Stunden lagerte er sich bey Afumaz, zwey Meilen von Bukarest, wo Fürst Coburg stand, achtzehn Meilen von seiner vorigen Stelle. Sturm und ein sehr starker Platzregen hatte ihnen den Marsch der zweyten Nacht äußerst beschwerlich gemacht, aber mit Sonnenaufgang legte sich Regen und Sturm. Des Tags nach der Ankunft begab sich der Graf, im Gefolge einiger Generals und Offiziers, zu dem Prinz Coburg nach Bukarest, der ihm auf dem Wege begegnete. Sie umarmten sich als Freunde, und kehrten in des Fürsten Wagen nach Afumaz zurück, wo die nöthigen Verabredungen getroffen wurden.

Das

Das gute Einverständniß der beyderseitigen
Truppen war außerordentlich, Offiziers und Soldaten begegneten sich, als sie wieder zusammen kamen,
mit Freuden und Umarmungen, und letztere trunken
einander zu. Die kombinirte Armee war voll
Muths, die Türken hingegen zogen alle Partheyen
an sich, so wie auch ihre Avantgarde [1]).

Die unter Coburgs Befehlen stehenden Truppen
beliefen sich gegen 40,000 Mann Deutsche und Ungarn. Ein Theil davon stand in kleinen Trupps in
der Wallachey detaschirt, welche aber bald versammelt werden konnten, und dieser kombinirten über
50,000 Mann starken Armee gut geübter Truppen,
war es also ein Leichtes, den Türken bey Schursche
auf den Hals zu treten, in Bulgarien einzudringen,

H 3 und

[1] Diese Vereinigung Suworows mit Fürst Coburg, kam dem bey
Schursche stehenden Großvezier Jussuf Pascha äußerst unerwartet.
Er war eben damit beschäftigt, den Plan des Angriffs der kaiserlichen Armee zu entwerfen (wie mir von einem Augenzeugen in Jassy
erzählt worden), als ihm ein Bauer davon die Nachricht brachte.
Der Vezier bezweifelte sie Anfangs wegen der Entfernung, wo Suworow noch kurz vorher gestanden, als aber der Bauer selbst vorge-
führt wurde, und mit seinem Kopf zu haften versicherte, daß er
Suworow selbst gesehn; so ließ der Vezier die Feder aus der Hand
fallen, und sagte — was soll ich nun anfangen?

und sichtbare Vortheile zu verfolgen; — aber die
Umstände änderten sich schnell. Wenige Tage nach
Vereinigung der beyden Armeen, kam Obrister
Fischer zum Grafen nach Afumaz, mit der Nachricht
von dem bey Reichenbach geschlossenen Waffenstillestand, wodurch alle jene entfernten Entwürfe auf
einmal vereitelt, und der Vezier aus seiner gefährlichen Lage gerettet wurde. So beruht das Vornehmen der Menschen sehr oft auf kleinen dazwischen
kommenden Umständen, welche die klügsten Maaßregeln weder voraussehn noch hintertreiben können.
Wäre diese Nachricht nur um eine Woche später
angekommen, so würde vielleicht Jussuf Pascha schon
geschlagen gewesen seyn.

Des folgenden Tags verabschiedeten sich die Anführer der beyderseitigen Truppen, jeder mit Thränen. Suworow ging über den Buseo wieder zurück
nach Kilieni, wo er gestanden hatte, und blieb bis
zu Ende Septembers daselbst liegen. Laut des
Waffenstillestandes mußten die kaiserlichen Pontonbrücken über den Seret bey Marietscheßtie abgelassen
werden, der Graf ließ also eine andere Brücke auf

der

der nämlichen Stelle auf Böten anlegen, ging mit dem Korps über den Seret, und lagerte sich bey Maximeni fünf Meilen von Galaz.

Als er noch bey Killeni stand, schrieb ihm Fürst Potemkin, und wollte sich mit ihm besprechen. Der Graf errieth die Absicht und antwortete mit den Worten: „die Ruderflotte wird sich der Eingänge der Donau bemeistern, welchen Tulcia und Isaccia folgen wird, mit ihr und mit Hülfe der Landtruppen, werden sie Ismail und Brahilow einnehmen und Tschistow zittern machen."

Bald darauf rückte Contre=Admiral Ribas mit der Ruderflotte in die Arme der Donau ein, erfocht verschiedene Siege über die Türken, besonders über die Saporocher, deren Kähne er vollkommen zer= nichtete, und eroberte Tulcia mit Sturm.

Die leichten Völker standen unweit Galaz auf Vorposten. Es gingen oft türkische kleine Schiffe von Galaz nach Brahilow, man that ihnen aber nichts. Eine Nacht passirten ihrer sehr viele; etliche trennten sich von den übrigen und liefen gegen

das

das Ufer, wo die rufsischen Vorposten standen, sie
wurden von andern verfolgt und mit Kanonen be=
schossen; man konnte nicht unterscheiden, was das
Gefechte vorstellen sollte. Es wurde also ein Offi=
zier mit vier Arnauten=Kähnen abgeschickt, um den
Verfolgten zu Hülfe zu eilen, welches auch glücklich
geschahe. Nach einem Gefechte von einigen Stun=
den bemeisterte er sich sechs großer Böte; einige
entkamen nach Brahilow. Die Genommenen wur=
den ans Ufer gebracht. Auf vieren dieser Böte
waren Christen befindlich (ungefähr hundert Per=
sonen von beyderley Geschlecht), welche sich vor den
Türken retten wollten, und von diesen verfolgt und
beschossen wurden, welches zu einem Gefechte kam.
Auf den zwey türkischen Böten waren gegen vierzig
Mann getödtet, als sie der Offizier wegnahm. Der
Graf bewaffnete nachher diese sechs Böte mit Kano=
nen und hinlänglicher Mannschaft, und ließ sie zu
Wasser exerziren. Am Ufer wurden Verschanzungen
aufgeworfen, und mit Geschütz und Truppen genug=
sam besetzt; er nahm daselbst sein Quartir, und
stellte die Grenadir= und zwey Musquetir=Batail=
lons hinein, und von der Zeit an hielt er mit Galaz

eine

eine fortdauernde Kommunikation zu Waſſer mit Ge eralmajor Ribas. Das übrige Korps unter Generallieutenant Derſelben verblieb unter Maximent m).

Bald nach jener erſtern Nachricht von der Einnahme der Feſtung Tulcia erfuhr der Graf, daß

H 5   auch

m) Um dieſe Zeit erhielt der Graf einen Brief von Prinz Coburg; ich rücke ihn hier ein, um einen Beweiß vom guten Einverſtändniß dieſer beyden Generals zu geben. Das Original des Briefs iſt franzöſiſch:

Herr General.

Ich gehe nächſten Freytag von hier weg zu meinem neuen Kommando in Ungarn, und es iſt nichts, was mir meine Abreiſe ſchmerzlich macht, als mich dadurch noch weiter von Ihnen, meinem würdigen und ſchätzbaren Freunde zu entfernen.

Ich habe den Werth Ihrer großen Seele kennen gelernt, Auftritte von der größten Wichtigkeit haben unſere Freundſchaft geknüpft, und bey jeder Gelegenheit habe ich genug Veranlaſſung gefunden, Sie als Held zu bewundern, und als den würdigſten Mann hochzuſchätzen.

Urtheilen Sie ſelbſt mein unvergleichlicher Lehrer, wie empfindlich mir die Trennung von einem Mann ſeyn muß, den ich aus ſo vieler Rückſicht ſchätze und liebe. Nur von Ihnen kann ich Erleichterung dieſes harten Geſchickes erwarten, durch die Fortdauer der nämlichen Zuneigung, womit Sie mich bis jetzt beehrt haben, und ich verſichere Ihnen auf das feyerlichſte, daß die öftern Verſicherungen Ihrer Freundſchaft, mir zu meinem Glück unumgänglich nöthig ſind.

Ich

auch Isaccia durch den Bruder des Generals Ribas erobert worden sey. Die flüchtigen Christen und Juden wurden während der Eroberung von den Türken nach Brahilow eskortirt, um daselbst zu verbleiben. — Auch Kilia wurde um die nämliche Zeit vom General Müller belagert, welcher dabey verwundet ward und bald darauf starb. Nach einer dreywöchentlichen Belagerung, und nachdem stark Bresche geschossen war, ergab sich diese Festung auf Kapitulation an den Generallieutenant Gudowitsch, der kurz nachher General en Chef wurde. Anfang Novembers rückte dieser mit mehrern Korps gegen die

Ich kann mich nicht entschließen und es wäre ein zu schmerzliches Geschäfte, mich von Ihnen persönlich zu verabschieden. Ich berufe mich auf Ihr eigenes Gefühl, ich schränke mich bloß ein, Sie mit dem wärmsten Gefühl der Freundschaft zu beschwören, gönnen Sie mir auch ferner Ihre Zuneigung, welche bis jetzt die Würze meines militairischen Lebens war.

Rechnen Sie dagegen, mein sehr geschätzter Freund, auf meine unbeschränkte Erkenntlichkeit; Sie werden stets der theuerste meiner Freunde seyn, den mir der Himmel gegeben, und niemand wird je größere Ansprüche auf meine ganz vollkommene Hochachtung haben, mit der ich stets seyn werde

Ewr. Exc.

Bukarest,
den 13. Oktob. 1790.

gehorsamster Diener

Pr. Coburg.

die Hauptfestung Ismail; einige Wochen darauf
kam auch Ribas mit seiner Ruderflotte an, und nun
ging fast kein Tag ohne Gefechte vorüber.   Die
Türken hatten gegen 150 Ruderschiffe, Ribas hatte
deren 100 und 70 Tschornomorsche Lotken, er siegte
oftmals, selbst unter den Kanonen der Festung, und
verbrandte und versenkte über die Hälfte ihrer
Schiffe; sein Verlust aber war nur wenige Schiffe.

Endlich bey später Jahrszeit und sehr schlechter
Witterung mußte die Belagerung aufgehoben werden, und die Landtruppen zogen von Ismail ab, um
sich in die Winterquartire zu verlegen.

Sechster

Sechster Abschnitt.

Inhalt.

Schon waren die Regimenter im Abmarsch, als Suworow vom kommandirenden Feldmarschall Fürst Potemkin den Befehl erhielt, von Galaz nach Jsmail aufzubrechen, und es einzunehmen — für welchen Preiß es auch sey.

Der

Der Graf sahe wohl ein, daß er hier alles aufs Spiel setzen müßte, weil wenig Hoffnung und Anschein da war, bey so später Jahrszeit etwas Entscheidendes gegen diese Hauptfestung mit Erfolg unternehmen zu können, die die Türken, wegen der starken Besatzung, für unüberwindlich hielten. Doch befolgte er sogleich den Befehl.

Er gab Ordres, welche Truppen von seinem bisherigen Korps ihm folgen sollten, und eilte sogleich, in Begleitung von vierzig Kosaken, voran. Den zweyten Tag war er vor Ismail, zwanzig Meilen von Galaz.

Sobald er jenseits des Pruth war, schickte er an den Generallieutenant Potemkin eine vorläufige Disposition. Er befahl ihm mit allen Korps zurückzukehren, und betheuerte, daß sie lieber unter den Trümmern von Ismail sich begraben lassen, als vor der Einnahme zurückweichen würden.

Ribas war mit der Flotille auf seiner vorigen Stelle in der Donau stehen geblieben, wo er Ismail gegenüber eine Insel befestigen ließ, und viele Artillerie aufstellte, mit welcher er die Festung bombardirte, wodurch oft Feuer auskam. Die sehr geschwächte

schwächte türkische Flotille wagte es nicht mehr sich ins Gefechte einzulassen, und verbarg sich im Hafen unter dem Schutz der Festung.

Den vierten Tag nach der Ankunft des Grafen, trafen auch die sämtlichen Korps vor Ismail ein. Vom Korps bey Galaz hatte er sich bloß das Fanagorische Grenadir-Regiment, unter Obrist Zalotuchin, nebst 200 Kosaken und 1000 Arnauten nachfolgen lassen. Fürst Lobanow Rastowski mit 150 Jägern aus seinem Abscherowschen Regiment, ging als Volontair mit.

Die Armee zu Land und auf den Schiffen bestand aus 28,000 Mann, davon fast die Hälfte Kosaken waren. Es befanden sich, der späten und ungesunden Jahrszeit wegen, viele Kranke unter der Mannschaft, und die Pferde hatten wenig Furage. Man suchte beyden so gut als möglich abzuhelfen; es hatten sich viele Marketender mit Viktualien von Galaz eingefunden, und um den Soldaten in der rauhen Jahrszeit beym Feuer zu wärmen, ließ der Graf eine Menge Schilf und Rohr hauen, welches in den dortigen Sümpfen im Ueberfluß wächst.

Ohne

Ohne Zeitverlust wurden 40 Leitern und 2000 Faschinen verfertigt, und von der Galazer Seite wurden zu Wasser die am Seret schon gearbeiteten dreyßig Leitern und 1000 Faschinen noch hinzugebracht. Des Nachts wurde die Mannschaft in Sturm-Manoeuvern geübt, Faschinen zu werfen, Leitern beyzubringen und anzulegen.

Mehrere Tage hinter einander wurden Rekognoscirungen vorgenommen. Oberquartirmeister Lehn, in Begleitung einiger Offiziers und Kosaken, näherte sich der Festung bis auf einen Flintenschuß, und besah vollkommen die Hauptpunkte der Befestigung. Der Graf mit mehrern der Generalität nebst vielen Offizieren folgten ihm nach, so daß in jeder Abtheilung der Truppen einigen Personen hinlänglich bekannt war, wo die Kolonnen beym Sturm aufmarschiren, wo sie sich ausbreiten, und wie sie einander helfen sollten. Anfänglich feuerten die Türken auf die Vorbeyreitenden, da es aber ohne Erfolg war, ließen sie nach, auch thaten sie keinen Ausfall auf sie.

Nach-

Nachdem die erstern Erkundigungen eingezogen, wurden die folgende Nacht in einer Entfernung von 30 bis 40 Faden auf beyden Flügeln, unter dem Generalmajor der Artillerie Rtischeff und dem kaiserlichen Ingenieur Fürst Carl, Batterien angelegt. Aus Mangel des groben Belagerungsgeschützes, welches schon vorher nach Bender und Kilia abgeführet war, wurde jede bloß mit zwölfpfündigen Feldstücken und Einhörnern besetzt, in allem vierzig Stück, als worin die ganze Feldartillerie bestand.

Die Anlegung dieser Batterien war bloß Maske, um die Türken sicher und glaubend zu machen, die Festung werde nun förmlich belagert werden, und sie also vom plötzlichen Sturm nichts ahnden möchten. Sie beunruhigten diese erste Nacht die Arbeiter nicht im mindesten. Rechts unter der Batterie stand Zalotuchin mit dem Fanagorischen Grenadierregiment; und links General Kulusow mit dem Buchischen Jägerkorps vier Bataillon stark. Schon vor Anbruch des Tages fingen die Batterien an auf die Festung zu spielen, die Türken antworteten mit einem sehr lebhaften Feuer, welches aber nur wenigen Schaden that.

Die

Die Festung Ismail hat eine Meile im Umkreiß von der einen Seite des Ufers der Donau bis zur andern; und nach der Wasserseite eine halbe Meile. Sie hat acht Bastionen, der Wall ist drey zum Theil vier Faden hoch, und der Graben sechs bis sieben Faden tief. In der Mitte zwischen der Benderschen und Brockischen Polygone war ein Unterwall (Fausse-braye), welches die einzigen Außenwerke waren, und nahe dabey ein starker gemauerter Kavallier, in welchem sich etliche tausend Mann aufhalten konnten. Die Wasserseite war stark mit Wällen und Batterien befestigt, welche ein horizontales Feuer gaben.

Die russische Armee stand in einem halben Zirkel eine halbe Meile von der Festung; einige Truppen lagen noch näher, so daß die schweren Kanonen sie erreichen konnten, und deshalb mußten sie ihre Lage verändern und sich mehr entfernen. Von einem Ufer der Donau bis zum andern standen sie in einem Umkreiß von beynahe drey Meilen.

Centre-Admiral Ribas beschoß beständig die Stadt und die noch übrig gebliebene Flottille, welches die türkischen Batterien mit starkem Feuer

beantworteten. Zwey Tage vor dem Sturm näherte
er sich der Festung, brennte und versenkte den größten Theil der Schiffe, die noch übrig geblieben waren, so daß nur wenige entkamen; er selbst aber
verlor nur eine Brigantine mit 200 Mann, die in
die Luft flogen.

Seraskier Auduslu Pascha, ein alter Krieger,
der die Großvezierwürde zweymal ausgeschlagen,
war Kommendant von der Festung. Die daselbst
befindlichen Mannschaften, unter Kommando von
sieben Sultans, bestand aus 43,000 Mann, von
welchen fast die Hälfte Janitscharen war, 8000
Mann Kavallerie, und die aus andern Festungen
eingelegten Truppen, die sich auf Kapitulation ergeben hatten, als aus Chotin, Ackermann, Palanka,
und einem Theil der Benderschen und Kilianschen
Besatzung. Diese Truppen wurden zur Bestrafung
hier zurückgelassen, und der Großherr hatte ein
Firmant ergehen lassen, wie nachher bekannt worden,
daß sich diese Garnison auf keinen Fall ergeben sollte,
und falls es geschehe, so wurde jedem Pascha der
Befehl gegeben, ohne weiteres Verhör denenjenigen
von

von der Besatzung den Kopf vor die Füße zu legen, die sich jenseits der Donau antreffen ließen. Es war also von dieser Mannschaft vollkommen zu erwarten, daß sie sich bis aufs Aeußerste vertheidigen würde.

Der Graf schickte einen Brief des Fürsten Potemkin an den Seraskier (den 9. Dec.) und er selbst legte einige Zeilen bey, durch welche er zur Uebergabe aufgefordert wurde. Der Seraskier antwortete bloß auf des letztern Schrift, in einem sehr langen im arabischen schwülstigen Stiele abgefaßten Brief, aus welchem man nur so viel begreifen konnte: „Er rathe den Russen, in Rücksicht der „spáten und sehr schlechten Jahrszeit, da sie Noth „an allem leiden könnten, und die Besatzung an „allem Ueberfluß habe, abzuziehn; oder man sollte „ihm einen Monat Frist geben, um sich mit dem „Großvezier zu bereden.“

Tags darauf ging ein Offizier ab, der Türkisch genug sprechen konnte, welcher mit einem Bins-Pascha Unterredung hielt. Er sagte ihm in Orientalischen Parabeln: „Ehe würde die Donau in

J 2 „ihrem

„ihrem Laufe stille stehn, oder der Himmel zur Erde
„sich neigen — als daß sich Ismail ergeben würde."

Noch that der Graf den letzten Versuch, und
schickte einen Zeddel an den Seraskier, — er bedro-
hete und versicherte ihn bey seinem Ehrenwort, daß
wenn er nicht desselben Tages noch die weiße Flagge
aufstecke, die Festung bestürmt und alles über die
Klinge springen würde.

Viele Türken waren zur Uebergabe geneigt,
aber der Seraskier, welcher das Aeußerste wagen
wollte, hatte mit der größten Anzahl die Oberhand
gewonnen. Er beantwortete das Billet mit Still-
schweigen. Noch desselben Tages versammelte der
Graf einen Kriegsrath, wo von unten auf votirt
wurde. Er hielt eine sehr krafvolle und männliche
Anrede, so wie er auch nachher alle einzelne Korps
haranguirte. Er zeigte ihnen die Schwierigkeiten
der Einnahme, und wie solche zu überwinden; wie
nichts der Kraft der russischen Waffen widerstehen
könne. Er schilderte ihnen die Nothwendigkeit, und
wie viel auf die Einnahme dieser Festung, auf welche
die Türken so stolz seyen, ankomme, und von der
sie nicht glaubten, daß sie ihnen genommen werden
könne.

könne. Zweymal sey das rufsische Heer unter diesen
Mauern gewesen und zurückgewichen, — es bliebe
ihnen zum drittenmal nichts übrig als ruhmvoll zu
siegen oder zu sterben.   Er fand sein Heer voll
Muths, durch seine Anrede wurden sie noch mehr
entflammt, und viele bis zu Thränen des Enthusias-
mus gerührt.

· So ward der Sturm von Ismail beschlossen.

' Durch einen Kurier hatte der Graf vom Fürsten
Potemkin einen Brief erhalten, „daß, wenn er sel-
„ner Sache nicht gewiß wäre, er lieber den Sturm
„nicht wagen sollte.“   Die Antwort des Grafen
bestand in wenig Zeilen: „Meine Disposition ist ge-
„nommen.   Zweynmal war schon das rufsische Heer
„vor Ismail, es würde eine Schande seyn, auch zum
„drittenmal unverrichteter Sache zurückzugehn.“

Einige Kosaken waren des Abends desertirt und
zu den Türken übergegangen, welches nicht sogleich
im Hauptquartier bekannt wurde.   Die Türken waren Anfangs willens gewesen (wie man nach der
Einnahme der Festung erfuhr), einen starken Ausfall auf die beyden Batterien und das Hauptquartier

zu

zu thun, auf jeder Seite mit acht tausend Janitscharen und vier tausend Spahis, auf das Hauptquartier
aber, welches gewöhnlich beym Grafen am schwäch-
sten besetzt war, mit zweytausend Tartarn. Der
Ausfall würde den Belagerern sehr schwer gefallen
seyn, besonders wegen der geringen Artillerie, die
bloß in den wenigen Kanonen der beyden Batterien
und den Regimentsstücken bestand. Glücklicher
Weise nahm der Sturm früher seinen Anfang, und
dadurch scheiterte ihr Vorhaben. Doch wurden die
Türken keineswegs unvorbereitet angetroffen, der
größte Theil der Besatzung hatte die Nacht nicht
geschlafen, stand auf den Wällen, vermuthlich hatte
sie die Aussage der Ueberläufer besorgt gemacht.

Es ist merkwürdig hier anzuführen, daß, wenn
der Graf den Sturm auf Einen Tag später hinaus-
gesetzt, er vielleicht alsdann ganz hätte unterbleiben
müssen; denn den Abend nach dem Sturm, wurde
die Erde von dem eingefallenen starken Nebel so
schlüpfrig, daß der Wall auf keinen Fall zu ersteigen
gewesen wäre, welches hernach, zufolge der späten
Jahrszeit, immerfort anhielt.

Um

Um die Türken einzuschläfern und zu zeigen, als ob es an Ladung fehle, wurde die Nacht vor dem Sturm von den Batterien und der Flotte nur selten geschossen. Alle Anstalten zum Sturm waren getroffen und die Ordres gegeben. Das ganze Korps der Belagerer stand in Bereitschaft, und der Graf mit den Offiziers seiner Suite brachte die Nacht ohne Schlaf beym Feuer zu, und erwartete die Stunde, wo die Signale zum Sturm sollten gegeben werden.

Gleich nach drey Uhr Mitternacht stieg die erste Rakete — sich fertig zu halten zum Sturm; vier Uhr die zweyte — sich zu formiren; fünf Uhr die dritte; — vorwärts zum Sturm, — und die sechs Kolonnen zu Land und drey zu Wasser rückten sogleich gegen die Festung an.

Auf der rechten Flanke der Landtruppen waren drey Kolonnen, unter dem Befehl des Generallieutenant Potemkin; auf der linken gleichfalls drey Kolonnen, unter Generallieutenant Samoilow; die Ruder- und Tschornomorsche Flotte, unter dem Centre-Admiral Ribas; und das Ganze unter dem

J 4

Ober-

Oberbefehl des Grafen Suworow, der sich für seine Person und Gefolge eine Stelle in der Mitte zwischen den Kolonnen gewählt, um das Ganze besser zu übersehn und die Ordres leichter geben zu können n).

Es

---

n) Die erste Kolonne wurde kommandirt vom Generalmajor Lwow, sie bestand aus 150 Schützen, ein weißrußisches Jägerbataillon, und zwey Fanagorische Grenadierbataillons; die Reserve, zwey Fanagorische Grenadierbataillons. — Die zweyte Kolonne, kommandirt vom Generalmajor Lascı. 150 Schützen, drey Ekatarinoslawsche Jägerbataillons; die Reserve, das vierte Bataillon Ekatarinoslawsche Jäger. — Die dritte Kolonne, kommandirt vom Generalmajor Meknob. 130 Jäger, drey Bataillons liefländische Jäger; die Reserve, zwey Bataillons troizischer Musquetier. — Die vierte und fünfte unter dem Dejour-Generalmajor Grafen Bröbprodko, 2500 Donische Kosaken; Reserve, 500 dergleichen. — Die fünfte, 5000 neugeworbene Kosaken; Reserve, 1000 Arnauten, und zu diesen beyden Kolonnen zwey Bataillons Poloztische Musquetiers. — Die sechste unter Generalmajor Kotusow. 120 Schützen, drey Bataillons Buchischer Jäger; Reserve, zwey Chersonische Grenadierbataillons.

Die Kavallerie stand eine Achtelmeile von der Festung unter den Kanonen derselben. Der rechte Flügel sechs Eskadrons Serwersche Karabiniers, und zwey Regimenter Donische Kosaken; linke Flügel zehn Eskadrons Woronische Husaren, und zwey Donische Kosakenregimenter. (Die zum Sturm bestimmten Kosaken der vierten und fünften Kolonne, waren alle zu Fuß, der fünfte Theil behielt seine ganzen Piken, die übrigen hatten sie abgekürzt bis zu ungefähr fünf Fuß lang, um sich deren desto besser im Gedränge bedienen zu können.

Die erste Kolonne zu Wasser, kommandirt vom Generalmajor Arsenief: bestand aus zwey Bataillons Nikolaewscher Seegrenadier,)

ein

il 1790.

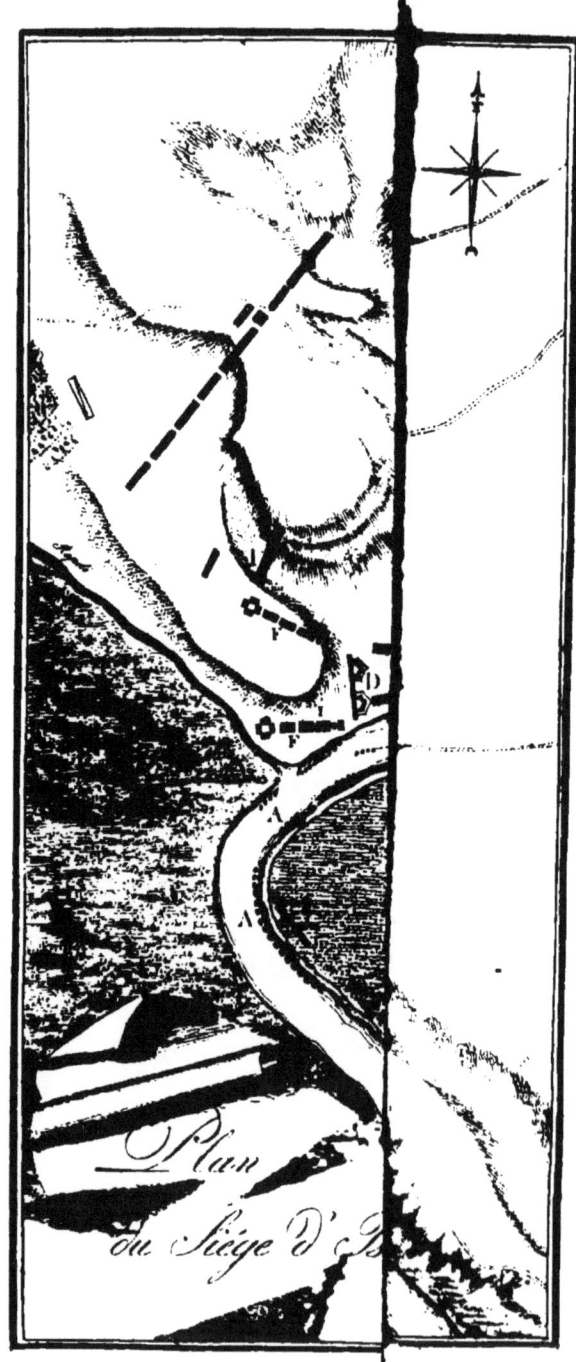

Plan

du Siège D'...

Sturm und Einnahme von Ismail.

Den 11/22. December 1790.

Erklärung der Zeichen.

A. Stellung der Ruder-Flottille.

B. Stellung der Tschornomorschen Flottille.

C. Retranchement des Generalmajor Arsenief.

D. Zwey Batterien an der rechten Flanke der Festung, jede von 10 Kanonen.

E. Zwey Batterien an der linken Flanke, von eben so viel Kanonen.

F. Standpunkt, wohin sich die Kolonnen beym ersten Signal begeben.

G. Standpunkt, nach dem zweyten Signal, beym Anrücken zum Sturm.

H. Dreyhundert Tschornomonki, welche die Pallisaden eröfnen.

I. Kavallerie-Reserven.

a. Alte Festung.

b. Neue Festung.

c. Gemauerte Redoute auf 30 Kanonen.

d. Broker Thor.

e. Chotiner Thor.

f. Bendersches Thor.

g. Kilisches Thor.

h. Begräbniß-Plätze.

i. Janitscharen-Wohnung, Batterien am Ufer der Donau.

Es blieb dunkel und neblicht, bis fast neun Uhr, da hingegen die vorigen Nächte klar und hell gewesen waren. Alle Kolonnen marschirten in bester Ordnung und Stille gegen die Festung; die Türken schossen nicht; wie sie aber auf drey = bis vierhundert Schritte nahe gekommen waren, wurden sie auf einmal mit starkem Kartätschenfeuer begrüßt, und litten viel.

J 5   Sie

ein Bataillon Jäger und 2500 Tschornomorsche Kosaken; sie befanden sich auf einer Brigantine, zwey Wasserbatterien, drey Doppelschaluppen, dreyzehn Lansons und fünfzehn Tschornomorschen Lotken; führten zusammen 135 Kanonen und Mörser. Die zweyte Kolonne unter Hetmann Tschipofa; zwey Bataillons Alexopol. Musquetiers, 200 Dneprowsche Seegrenadiers, und 1000 Tschornomorsche Kosaken; sie befanden sich auf einer ähnlichen Anzahl Fahrzeuge mit eben soviel Kanonen besetzt, als die vorige Kolonne. Die dritte Kolonne unter dem Gardemajor Markow; zwey Bataillons Dneprowsche Seegrenadiers, zwey Bataillons weißrußländische Jäger, ein Bataillon Buchische Jäger und 1000 Tschornomorsche Kosaken. — Die Reserve bestand aus vier Transportschiffen zu vier und zwanzig Pfündern, 100 Tschornomorsche Lotken zur Landung der regulairen Truppen bestimmt, jede zu ein und zwey Kanonen, 150 Kanonen. In allem 567 Kanonen und 20 Mörser.

Alle Volontairs dienten bey den Truppen zu Wasser, Fürst Carl de Ligne, Obrister Duc de Fronsac, der nachher Duc de Richelieu wurde; Graf Langeron, und Graf Valerian Zubow, Obrister und Flügel = Adjutant der Kaiserin, kommandirte in der ersten Kolonne die zwey Bataillons Grenadiers.

Sie näherten sich dem tiefen Graben, wo an einigen Stellen sich Wasser fand, das bis an die Schultern ging, warfen die Faschinen ein, stiegen herunter und setzten die Leitern an den Wall, der zum Theil so hoch war, daß zwey Leitern an einander gebunden werden mußten, wiewohl die Leitern vier bis fünf Faden lang waren; und da dies an mehrern Orten der Geschwindigkeit wegen nicht geschehen konnte, so kletterten die Stürmenden mit Hülfe einer des Andern, auf Bajonets, die in den Wall gespießt wurden, in die Höhe.

Die Schützen von jeder Kolonne standen am Rande des Grabens, und schossen, soviel die plötz= liche Hellung von dem gegenseitigen Kanonenfeuer, ohngeachtet der Dunkelheit der Nacht, zu sehn er= laubte, nach den Köpfen der Vertheidiger, die auf den Wällen standen. Von allen Seiten drang man nach dem Hauptpunkt vor. General Lasci mit der zweyten Kolonne war der erste auf dem Wall, dies war gleich nach sechs Uhr; die erste und dritte Ko= lonne sollte ihn unterstützen, diese wurden aber noch aufgehalten, besonders fand die erste große Hindernisse. Lasci wurde sehr gedrängt, denn ob

er

er schon die Türken vom Wallgang heruntergeworfen, so fochten doch einige tausend mit Säbeln gegen ihn herauf, und er konnte nicht vorwärts dringen; nach einer kurzen Weile kamen die beyden nächsten Kolonnen hinzu, und schlossen sich an ihn an.

Die erste Kolonne hatte schweren Stand gehabt; nachdem sie den Graben forcirt, kam sie an eine Kette starker Pallisaden, die völlig bis ins Ufer der Donau reichten. Die Grenadirs, die sich an dieser Ecke befanden, schwangen sich mehrentheils Mann bey Mann um dieselben herum, die Entferntern von dieser Stelle sprangen über die Pallisaden. Nahe hinter denselben war ein zweyter Graben, und nun kamen sie erst an den Wallgang. Die Fanagorischen Grenadirs behaupteten die erste Bastion; gegen Befehl fielen sie den steinern Kavallier an, welcher zwischen dieser und der zweyten Bastion stand, und sie verloren viel Mannschaft. Obrister Zalotuchin führte sie vom Kavallier ab, und sie nahmen die zweyte Bastion ein. General Meknob von der dritten Kolonne bekam einen tödtlichen Kartätschenschuß, und Obrister Kwastow übernahm das Kommando seiner Kolonne.

Kotu:

Kutusow, der zwey Polygonen auf der linken
Seite der Festung gegen das Wasser eingenommen,
würde sogleich mit den erstern Kolonnen auf dem
Walle gewesen seyn, aber die beyden Kolonnen
neben ihm, die vierte und fünfte, hatten sehr vielen
Widerstand gefunden, waren von den Türken zu-
rückgeschlagen worden, und diesen schickte er ein
Jägerbataillon zu Hülfe, um sie zu unterstützen.
Der Graben an der Gegend, wo diese beyden
Kolonnen durchmußten, war voll Wasser, es ging
bis an den halben Leib, durchnäßte ihre langen
Kosakenkleider, und das Aufklettern wurde ihnen
dadurch sehr beschwerlich gemacht. Sie stiegen zwar
auf die Leitern, konnten aber auf dem Walle wegen
der starken Gegenwehr nicht Fuß fassen. Beyde
Kolonnen wurden auf einmal vom Walle in den
Graben zurückgeworfen. Zwischen ihnen war das
Bendersche Thor. Die Türken öffneten es, thaten
einen Ausfall mit großem Geschrey, und hieben,
acht bis zehn tausend Mann stark, von hinten ein.
Selbst eine Menge Weiber waren unter ihnen mit
dem Dolch in der Hand. Es wurde ein blutiges
Metzeln; die regulaire Infanterie der Reserve eilte

her-

herbey; sie machte sich Luft mit dem Bajonet, und
da sich die Kosaken wieder erholt hatten, drängten
sie die Türken zurück, und die nicht über die Brücke
nach der Stadt zurückkommen konnten, wurden niedergemacht, oder in den Graben hinuntergeworfen.
Nun machten sie von Neuem den Versuch, über-
wanden allen Widerstand, und setzten sich auf der
ihnen angewiesenen Bastion auf dem Wallgang fest.
Kotusow bemerkte, daß, wiewohl die beyden Reserve-
bataillons den Wall besetzt hatten, sie doch den Türken nicht gewachsen wären, da die Kosaken noch
nicht zahlreich genug zu ihnen gestoßen waren; er
schickte ihnen deshalb ein Buchisches Jägerbataillon
zu Hülfe, wodurch er sie in den Stand setzte, den
Platz zu behaupten.

Jede Bastion hatte ihr Pulvermagazin unter
dem Wall; damit nun dieselben nicht vorsetzlich von
den Türken mit der Mannschaft in die Luft gesprengt
werden möchten, so wurden sie, sobald eine Bastion
eingenommen, von den Eroberern sogleich stark mit
Wache besetzt, welche zwar oftmals die Angriffe der
umkehrenden Türken aushalten mußten, aber durch
deren

deren Zurücktreibung es doch verhüteten, daß kein Pulvermagazin verunglückte.

Es fing nun an zu tagen; aber auch während der Dunkelheit konnte man vollkommen die beyderseitigen Vortheile der Anfälle durch das Kriegsgeschrey Hurra und Allah unterscheiden.

Ehe das letzte Thor (das Bendersche) von den Russen besetzt wurde, thaten die Türken mit starker Kavallerie durch dasselbe einen Ausfall gegen das Lager zu. Einige hundert Mann waren schon hinausgesprengt, sie wurden aber von den Kosaken zu Pferd empfangen, selbst bis ins russische Lager verfolgt und alle niedergespießt. Obrister Wolkow, der an der Seite stand, eilte mit zwey Woronischen Husaren = Eskadrons herbey, ging durchs Bendersche Thor auf die türkische Reiterey los, hieb viele nieder, sprengte sie zurück, und begab sich wieder auf seinen vorigen Posten ins Feld, und dies Thor und die Brücke wurde nun von den Buchischen Jägern besetzt.

Zur nämlichen Zeit, da die Kolonnen zu Land gegen die Festung anrückten, formirten sich auch,

zufolge

zufolge der Racketensignale, die Wasserkolonnen, unter beständigen Feuern eine Werst von der Festung, in zwey Linien. Die erste bestand aus hundert Tschornomorschen Lotken, auf welchen sich die regulairen Landungstruppen befanden; auf den Flügeln und in der Mitte, befanden sich zu funfzehn dergleichen Lotken mit Saporochern besetzt; in der zweyten Linie waren die Brigantinen, Batterien, Doppelschaluppen und Lansons. In dieser Ordnung rückten die beyden Linien vor, und von beyden Seiten wurde das Feuer beym Annähern immer stärker. Nach der Wasserseite zu hatten die Türken, wie schon oben gesagt, einen starken aber niedrigen Wall zur Befestigung, auf welchem 83 Kanonen, meistens von schwerem Kaliber, worunter 15 Mörser mit einer Haubitze (die sechs Zentner Eisen schoß), aufgepflanzt.

Die Kanonade der ersten Linie wurde durch das Feuer der zweyten aus den Mörsern gedeckt, und als sie in starken Rudern dem Ufer bis auf einige hundert Schritte nahe gekommen, theilte sich die zweyte Linie und schloß sich an die beyden Flügel der erstern an, so daß das Ganze einen ausgedehnten
halben

halben Zirkel formirte. Es wurde heftig mit Kartätschen geschossen, und dies Gefechte dauerte eine
ganze Stunde; weil es aber noch Nacht war, wurden nur etliche der russischen Schiffe beschädigt,
keins ging zu Grunde, und sieben Uhr wurde auf
allen Seiten gelandet. (Die Türken hatten ihre
übrigen noch wenigen Schiffe verlassen.)

Die Gegenwehr auf dem Lande war sehr hart-
näckig; man schlug sich mit blanken Waffen, über
10,000 Türken, worunter viele Tartaren, verthei-
digten die Wasserseite; der größte Theil mußte über
die Klinge springen, die übrigen retteten sich in die
Chanas, welches stark gemauerte Häuser sind.

Acht Uhr waren die Russen Meister der Festungswerke, von der Wasser und Landseite; der Sturm
war nunmehr zu Ende, aber nun jetzt fing der Kampf
innerhalb der Stadt auf den Straßen und Markt-
plätzen an. Von allen Seiten drängte man sich
hierher, so viele einzelne Partheyen, so viele kleine
Schlachten und Gefechte; die Türken thaten in den
engen Straßen und aus den Häusern den hartnäckig-
sten und verzweifeltsten Widerstand, auch war noch
ein

ein stark besetzter steinerner Kavallier und mehrere gemauerte Chanas, in welchen sich Mannschaft festgesetzt, die zum Theil Kanonen bey sich hatten, einzunehmen.

Zu allen vier Thoren herein hatten die Russen reitend bis gegen 20 leichte Kanonen in die Stadt gebracht, aus welchen man die Türken mit Kartätschen beschoß; die Türken hatten keine, außer denen in den Chanas.

Der erste Chaná, der eingenommen wurde, war ohnweit dem Benderschen Thore, ein Gebäude, das über den Wall hervorragte, in welchem sich gegen 2000 Türken festgesetzt, die den Russen aus ihren Kanonen viel schadeten. Der Graf bemerkte, daß diese Seite des Wallgangs ziemlich leer war, er ließ zwey Karabinir= Eskadrons absitzen, unter Major Estko, und befahl ihm, mit Hülfe der Truppen, die er antreffen würde, sich desselben zu bemeistern. Er erstieg den Wall, vereinigte sich mit einem Buchtschen Jägerbataillon, zog die Leitern hinter sich über den Wall, und bestieg auf selbigen den Chana. Ungeachtet des Widerstandes, wurde der größte

II. Theil.   K   Theil

Theil der Mannschaft niedergemacht, unter denen sich auch der Pascha, der sonst in Kilia kommandirte, befand. Einige hundert baten um Pardon, und dies waren die ersten Gefangenen, die gemacht, und zum Benderschen Thore hinaus ins Feld gebracht wurden.

Einer dieser Chanas, mitten unter andern Häusern stehend, war ein sehr festes Gebäude, er stand ganz in der Nähe vom steinernen Kavallier. Generallieutenant Potemkin führte Zalotuchin mit seinem Fanagorischen Grenadirbataillon an, und ließ diesen Chana angreifen. Das Gefecht dauerte fast zwey Stunden; das Thor wurde mit Kanonenkugeln gesprengt, die Grenadire drangen mit dem Bajonet ins Innere, und im Handgemenge wurde alles zu Boden geworfen. Zuletzt, nach einer muthigen Gegenwehr, ergaben sich etliche hundert Mann, die noch am Leben geblieben waren.

Hier hatte sich der unglückliche Seraskier Auduslu Pascha selbst, mit 2000 Mann der besten Janitscharen und etlichen Kanonen befunden, und glaubte hier aller Gefahr Troß zu bieten. Er kam mit den noch übrigen Gefangenen aus dem Chana

auf

auf den Platz. Er trug einen reichen Dolch im
Gürtel, den ein anlaufender Jäger gewahr wurde,
und ihm denselben abnehmen wollte. Da einige der
türkischen Mannschaft ihre Gewehre nicht abgewor-
fen hatten, so wollte ein Janitschar, der neben dem
Serasfier ging, es dem Jäger mit dem Säbel ver-
wehren. Er that einen Hieb, und statt des Jägers,
verwundete er den Kapitain, der sie anführte, ins
Gesicht. Mit dem Bajonet stürzten sich sogleich die
Russen auf diesen Rest, warfen die mehresten nieder, unter welchen der tapfere Serasfier war, und
kaum konnte man noch hundert Mann das Leben
retten, unter welchen die mehresten seines unmittel-
baren Gefolges waren.

Wegen Enge des größten Theils der Straßen,
hatte der Graf die Kavallerie nicht in die Stadt ein-
bringen lassen; bloß das Fußvolk der Land- und
Descentetruppen rückte nach und nach unter beständigem Fechten bis gegen das Centrum.

Noch vor Mittag kam Lasci mit drey Jägerbataillons bis in die Mitte der Stadt. Dieser stieß
auf tausend Mann mehrentheils Tartaren, deren

Waf-

Waffen lange Spieße sind, sie waren von den Pfer=
den abgestiegen, und hatten sich in einem Armeni=
schen, mit einer starken Mauer umgebenen Kloster
festgesetzt. Er griff es sogleich an, beschoß es mit
Kanonen, sprengte das Thor, und drang hinein.
Der junge Machsut Ghiray Sultan, vertheidigte
sich muthig mit seiner Mannschaft, und da nach
einem langen Gefechte nur noch 300 von ihnen
übrig waren, und sie kein Rettungsmittel mehr vor
sich sahen, warfen sie die Gewehre von sich, baten
um ihr Leben, und ergaben sich zu Gefangenen.

Die Kosaken der vierten und fünften Kolonne,
die um diese Zeit von der Gegend des Benderischen
und Kiliaschen Thores her, gleichfalls weit vorge=
drungen waren, wurden auf einem großen Platz von
überlegener Mannschaft angegriffen, und bald abge=
schnitten. Ein Buchisches Jägerbataillon aber kam
ihnen zu Hülfe, und ein starker Haufe Tschorno=
morscher Kosaken, die sich durchgeschlagen, fiel den
Türken in den Rücken, trieben sie in die Enge
und machten sie nach einem stündigen Gefechte fast
alle nieder.

Kaplan

Kaplan Ghiray, Bruder des Chans, der tapferste von den sieben Sultans, die sich in Ismail befanden, der sich besonders in Schursche gegen die kaiserlichen Truppen durch seinen Muth hervorgethan, sammlete seine Mannschaft um sich herum, ließ auf Pauken Lärm schlagen, und schnell kamen auf dem Marktplatz mitten in der Stadt gegen 2000 zerstreute Tartarn und Türken zusammen, auch stieß noch eine größere Anzahl, größtentheils Reiterey zu ihnen.   Unter voller asiatischer Musik schlägt er auf die Tschornomorschen Kosaken los, haut selbst mit eigener Hand mehrere nieder, bringt sie in Unordnung und erobert zwey Kanonen.   Ein Jäger- und zwey Seegrenadir-Bataillons, und noch mehrere Kosaken, die sich in der Nähe befanden, eilen hinzu. Er wird umringt, dennoch dauert das Gefechte sehr lange, mit Piquen und Bajonets werden die Reiter und Janitscharen zu Boden geworfen, — er selbst fällt, und nach einer Stunde Niedermetzeln blieben nur 500 übrig, die sich zu Gefangenen ergaben; gegen 4000 lagen auf der Stelle.

K 3   Noch

Noch hielt sich der steinerne Kavallier. Um die Zeit dieses letztern Gefechtes, rückte Ribas mit zwey Seegrenadir-, einem Jägerbataillon und 1000 Tschornomorschen Kosaken, gegen denselben an. Hier befand sich der Mehaphis (Statthalter von Ismail) mit mehr als 2000 Janitscharen und anderer Infanterie, wie auch etlichen Kanonen. Er vertheidigte sich eine Zeitlang, da er aber wenig Hoffnung zu siegen hatte, indem alles um ihn herum überwunden war, und er das Schicksal aller übrigen fürchtete, so ließ er es nicht aufs Aeußerste kommen, und gab sich mit seiner Mannschaft zu Gefangenen. Der Statthalter bekam von Ribas seinen Säbel mit den übrigen Waffen zurück.

Nun war nur noch ein fester Chana, wo sich die Türken wehrten, übrig, er lag ungefähr eine Werst vom Kavallier und Wall. Auch auf diesen ging Ribas loß, und nach einem kurzen Gefechte ergab sich die in einigen hundert Mann bestehende Mannschaft.

Gegen zwey Uhr Nachmittags befanden sich die Stürmenden von der Land- und Wasserseite in der

Mitte

Mitte der Stadt. Der Graf hatte der Kavallerie
Befehl gegeben, daß vier Eskadrons Karabinir und
vier Eskadrons Husaren, nebst zwey Regimentern
Kosaken, von beyden Flügeln zum Brokischen und
Benderschen Thore einrücken, und die Straßen von
den einzeln Verlaufenen reinigen sollten. Viele
Türken, die sich noch fanden und wüthend wider-
setzten, wurden während dem Zuge niedergemacht;
auch sprang diese Kavallerie von den Pferden ab,
und suchte mit dem Säbel in der Hand die Versteckten auf; die sich ergaben, wurden zu Gefangnen
gemacht.

Erst gegen vier Uhr Abends waren die Stürmenden völlig Sieger und Herrn von Ismail, durch
den blutigsten Sturm, den viele Jahrhunderte nicht
gekannt. Wüthend war die Gegenwehr so vieler
tausend Türken; selbst Weiber mit Dolchen und
andern Waffen, warfen sich auf die Soldaten.
Als Held ging jeder russische Anführer der Gefahr
entgegen, mit Löwenmuth focht jeder gemeine Sol-
dat. Unbesorgt wegen der Gefahr kämpften sie zehn
Stunden lang, ununterbrochen den Feind angrei-
send

fend oder von seinen Schaaren umringt. Ihr Arm
wurde nicht müde, ihre Unerschrockenheit war durch
nichts zu erschüttern. Zehn Stunden früher waren
sie noch in voller Ungewißheit wegen des Erfolgs, —
jetzt, dessen gewiß, und deren Blut floß stromweise
unter ihren Füßen, die noch kurz vorher das
Schwerdt gegen sie zuckten, Straßen und große
Plätze waren von Leichnamen ihrer Feinde gesperrt.
Gleich folgsam als muthig eilten die feurigen Rotten
jedem Führer nach, der ihnen voranging; da sie auf
die letzt zerstreut fochten, und manches Bataillon
die Hälfte seiner Offiziers verloren hatte, wurden oft
Grenadirs und Kosaken von Musquetir= und Jäger=
offiziers angeführt.

Scenen von ausgezeichneter Tapferkeit ließen
sich hier schildern, wenn es nicht zu weitläuftig und
außer der mir vorgesteckten Grenze wäre °). Stür=
mende von Okzakow, die auch Ismail beygewohnt,
ver=

°) Mehrere von denen, die gegenwärtig gewesen, konnten mir kaum
beschreiben, mit welchem Schauder sie einige Tage nach dem Sturm
auf die Stellen zurückgesehn, wo sie bey dunkeler Nacht die furcht=
barsten Höhen und Tiefen erglimmt, welches sie selbst am Tage
nicht wagen würden.

verstatten keinen Vergleich zwischen beyden, und Ismails Eroberung wird stets das größte Denk= mal Rußlands muthiger und Gefahr verachtender Kriegsmänner bleiben.

Stadt und Wälle wurden nunmehr mit Wachen besetzt. Ein Fanagorisches Grenadir= Bataillon hielt die Hauptwache auf dem Markt, etliche Ba= taillons kamen auf die Wälle, starke Wachen in die Thore, bey die Pulvermagazine, desgleichen auf viele kleine Marktplätze, in die Kirchen und Mo= scheenhöfe, und durch alle Strassen wurden Pa= trouillen und Ronden geschickt. Den Generalma= jor Kotusow ernannte der Graf zum Kommendant von Ismail.

Doch dauerte das kleine Feuer noch die Nacht durch, selbst bis zum folgenden Morgen, weil noch viele Türken zerstreut in den Moscheen, Häusern, Kellern und Scheuern lagen. Viele wurden nie= dergemacht, die mehresten aber ergaben sich, und da die Festung durch Sturm war eingenommen wor= den; so wurde, so wie den Soldaten versprochen war, die Plünderung auf dreymal vier und zwanzig

K 5 　　　　Stun=

Stunden erlaubt. Auch hier ging es nicht ohne Blutvergießen ab, weil manche Türken lieber das Leben, als ihre Haabe verlieren wollten.

Von der Einnahme der Festung gab der Graf dem Fürsten Potemkin sogleich mit dem Wenigen Nachricht: „Die rußische Fahne weht auf den Wällen von Ismail." In Bender, wo sich der Fürst aufhielt, hatte man das starke Kanonenfeuer hören können.

Generallieutenant Potemkin und Samoilow trafen zum Grafen vor dem Benderschen Thore, vor Einbruch der Nacht; sie stiegen sämtlich von den Pferden, umarmten sich auf das innigste, und Dank und Glückwünsche, wegen des großen Siegs, begeisterte die Anführer des Heers.

Des folgenden Morgens wurde ein feyerliches Dankfest in der Kirche des Klosters des heiligen Johannes angestellt, desgleichen in allen Regiments-Kirchen; die eroberte Festungs-Artillerie auf allen Wällen wurde dabey abgefeuert. Alle Generals mit dem größten Theil der Staabs- und Ober-

Offi-

Offiziers waren gegenwärtig. Umarmungen, Glückwünsche und Thränen der Freude waren allgemein.
Jeder sah sein und seines Freundes Leben als ein
Geschenk an, ein Glück den vielen Gefahren ent-
kommen zu seyn, und sich nicht unter der großen
Anzahl der übrigen zu befinden — die den Sieg mit
ihrem Leben bezahlten. Auch viele von denen, die
man des Abends vorher todt gesagt, waren entkom-
men, und freuten sich mit den übrigen.

Nachdem der Gottesdienst vorüber, verfügte sich
der Graf zu seinem Fanagorischen Bataillon, das auf
der Hauptwache stand, und gab dieser Mannschaft
vom muthvollesten Regimente, den ihr gebühren-
den Ruhm; desgleichen dankte er auch und ließ
Gerechtigkeit wiederfahren den sämtlichen übrigen
Korps, Offiziers und Gemeinen, deren Tapferkeit
er die Einnahme von Ismail zu verdanken hatte.

Die Ausfertigung der Hofrelation wurde nunmehr vorgenommen, und es geschahe Nachforschung,
um die Anzahl derer zu wissen, die der Sturm nie-
dergeworfen. Man fand sie, theils im ungefäh-
ren Ueberschlag der aufgethürmten Haufen dieser

Kriegs-

Kriegsopfer, auf den Wällen, Straßen und auf den großen Plätzen, theils in der Aussage der Kriegs-gefangenen.

Die Osmannen verloren an diesem einzigen furchtbaren Tage, durch die Ueberlegenheit der rus-sischen Waffen, wiewohl diese in weit geringerer Anzahl waren, 33,000 Mann an Todten und töd-lich verwundeten; gegen 10,000 Mann, Paschas, Offiziers und Gemeine, worunter 200 Tartaren, wurden zu Gefangenen gemacht, 6000 Weiber und Kinder, 2000 moldavische und armenianische Chri-sten, und über 500 Juden kamen in rußische Ge-fangenschaft P).

Unter den Todten befanden sich sechs Sultans, der Seraskier, und ein Arnauten-Pascha, beyde von drey Roßschweifen, die zwey Statthalter von Kilia und von Ackiermann, ein Feld-Pascha, ein Janitscha-

ren

---

r) Von der ganzen Armee, die in Besatzung lag, rettete sich nur Ein Mann. Er war leicht verwundet, fiel in die Donau, wo er zufällig einen fließenden Balken ergriff, und mit demselben ans andere Ufer getrieben wurde. Er war es, der dem Großvezier die erste Nachricht von der Einnahme der Festung überbrachte.

ren Aga, gegen 50 Bim-Paschas, Topschi- und andere Paschas. — Unter den Gefangenen war Sultan Machsut Ghiray, — der Ismailsche Statthalter von drey Roßschweifen, und viele Paschen.

Rußischer Seits bestand der Verlust, zufolge
der Relation, aus 1830 Mann an Todten; (unter
welchen allein 400 Fanagorische Grenadirs waren)
und 2500 Verwundeten.

Unter erstern war Ein Brigadier und 65
Staabs- und Oberoffizier, (die allermehresten waren von Säbelhieben zerstückt) unter letztern waren
drey Generalmajors, (deren einer, Meknob, bald
darauf starb) und 220 Staabs- und Oberoffiziers.

Ungeachtet es Winter war, so mußte doch
nothwendig wegen der, von dieser ungeheuern Anzahl todter Körper zu befürchtenden ansteckenden
Krankheiten, und Pest Sorge getragen werden; es
wurden deshalb abwechselnd die 10,000 Gefangenen gebraucht, um ihre todten Landsleute und die
Pferde wegzubringen, und da nicht schnell genug
Löcher in die gefrorne Erde konnten gegraben werden,

ben', so wurden sie sämtlich in die Donau geworfen, und schon in sechs Tagen waren sie damit fertig.

Die Russen sorgten für die Beerdigung ihrer
Landsleute, die sämtlich außerhalb der Festung in
die Erde und nach Kirchengebrauch begraben wurden; viele Offiziers, deren Körper nicht zerhauen,
und die noch kenntlich waren, fanden ihre Stätte
auf dem Gottesacker, und Brigadier Ripopiere bekam sein Grab in der Kirche des Klosters St. Johan-
ni, wo General Weißmann beym ersten Türkenkrie-
ge begraben worden, und sich noch daselbst befand.

Es war von großem Belang, was durch die Einnahme dieser Festung erobert, und was für Reichthümer von den Soldaten erbeutet worden.

232 Kanonen (mit eingerechnet 32 Stück, die sich
    auf acht Lansons, dem Rest der Ruderflotte,
    befanden) sämtlich metallene Kanonen, (nur
    10 eiserne ausgenommen) mehrentheils von
    sehr großem Kaliber, von ganzen Karthaunen
    bis 18 Pfündern, auch Haubitzen und Mörser.
Mehrere große und kleine Pulvermagazine, mit
    einem sehr beträchtlichen Vorrath an Pulver.
                                            Eine

Eine Menge Bomben und Kanonenkugeln, welches alles zu zählen und zu wiegen man sich nicht die Mühe genommen hat.

345 Fahnen, (fast alle mit Blut gefärbt) zwey davon waren Sainjak, (große Statthalter-Fahnen, die Bendersche und Ismailsche, deren in allem nur fünf im türkischen Reiche sind.) Die prächtige und einzige große Fahne des Tartar-Chans. Sieben reiche Bunschuks oder Roßschweife, (mehrere hatten die Soldaten schon geplündert).

250 Fahnenstangen, die Fahnen selbst, deren mehrere von reichem Stoff und mit Gold- oder Silberquasten geziert waren, hatten die Soldaten und Kosaken abgerissen, sie hatten sie theils als eine Zierde und Ehrenzeichen um den Gürtel gewunden, theils waren sie verloren gegangen.

Großer Vorrath an Gerste, (welche die Türken bekanntlich statt des Hafers füttern), Heu ꝛc. — Auf sechs Monate Vorrath an Mehl für die ganze daselbst befindliche türkische Armee, viel gesalzenes, geräuchertes und ge-

getrocknetes Fleisch, auch mehrere Stücke lebendiges Hornvieh.

Ueberfluß an Kaffee, Tabak, Zucker, Reiß, allerhand Viktualien, wie auch großer Reichthum in den Kaufmanns läden, da, außerdem daß Ismail eine große Handelsstadt ist, auch viele Reichthümer aus den Festungen, die kapitulirt, Kilia, Chotin, Ackermann und Bender dahin geschaft worden.

Gegen 10,000 lebendgebliebene Pferde, unter welchen viele von außerordentlicher Schönheit, auch viele reiche Harnische und Pferde = Geschirre.

Den ganzen in Ismail gefundenen Reichthum schätzte man auf zehn Millionen Piaster am Werth.

Der Graf behielt nach seiner gewöhnlichen Art, (weil er Haabsucht nie kannte) für sich nicht ein Stück von allem, was sich darbot, selbst kein Pferd; und außer dem Ruhm — des Ueberwinders von Ismail — kehrte er von da wieder so zurück, als er gekommen war.

Zwey

Zwey Tage nach der Einnahme gab Contre-Admiral Ribas ein großes Festin auf der Flotte, unter Abfeuerung der Kanonen von allen Schiffen, welches, ihrer beträchtlichen Anzahl wegen, einem ununterbrochenen Donner glich. — Den darauf folgenden Tag bewirthete Generallieutenant Potemkin mit einem gleichen Mahle, bey welchem unter andern auch der junge Sultan Machsut Ghiray und der Statthalter von Ismail mit gegenwärtig waren. War es Betäubung, Fühllosigkeit oder Verstellung — sie waren ziemlich vergnügt und schienen an der Feyer des Festes Antheil zu nehmen. — Auch hier wurde während der Mahlzeit des Pulvers nicht geschont.

Sobald man mit Wegschaffung der todten Körper fertig war, und die Straßen, die sämtlich einem Schlachtfeld glichen, gereinigt waren, (für die Menge der Verwundeten war sogleich Anfangs ein großes Hospital innerhalb der Stadt angelegt worden) so wurde Anstalt zum Abmarsch der Truppen und Abfertigung der Gefangenen getroffen. Letztere wurden unter Estorte der Kosaken Regimenter,

II. Theil.   L   wel-

welche in die Winterquartiere giengen, über Bender nach Rußland gebracht, zu ihrer Verpflegung
und damit sie gut behandelt würden, beorderte der
Graf einen Obristlieutenant seiner Suite zur Begleitung.

Um die Zahl der zu transportirenden und zu
versorgenden türkischen Gefangenen zu verringern,
und zugleich den Offiziers willfährig zu seyn, die ihr
Leben den größten Gefahren preiß gegeben, erlaubte
ihnen der Graf, gegen schriftliche Versicherung sie
zu ernähren und gut mit ihnen umzugehn, diejenigen
Gefangenen, wes Alters und Geschlechts sie seyn
mochten, sich auszuwählen und zurückzubehalten.

Eine Woche nach der Einnahme ging auch der
Graf von Ismail ab und kehrte nach Galaz zurück; ihm folgte das fanagorische Grenadier Regiment, und die übrigen zu seinem Korps gehörigen
Truppen. General Kotusow verblieb als Kommendant in Ismail, mit seinem Buchischen Jäger-
Korps zu vier Bataillons, zwey Regimentern Infanterie und vier Regimentern Donischer Kosaken.
Die übrigen Korps gingen zurück über Bender und
verlegten sich in die Winterquartiere.

Kurz

Kurz vor dem Sturm kam beym Grafen ein Offizier an mit einem Brief vom Kayser Leopold, der Graf las ihn aber nicht, sondern steckte ihn bey Seite bis nach der Einnahme, weil seine ganze Seele mit dem Bevorstehenden beschäftigt war. Er enthielt die Antwort des Kaysers auf des Grafen Glückwunsch zur Kayser-Krone. Auch bekam er bald nach seiner Zurückkunft nach Galaz einen Brief von seinem schätzbaren Freunde dem Prinzen Coburg, der die wärmsten Versicherungen der Theilnahme an dem erfochtnen großen Siege enthielt. Er gab ihm Nachricht von dem wichtigen Einfluß der Einnahme Ismails auf das Interesse der Oesterreicher, und es hat sich bestätigt, daß bald darauf, als diese Nachricht nach Tschistow gekommen, die Konferenzen einige Tage unterbrochen, und große Bestürzung dadurch verursacht worden.

Der Brief des Kaysers lautet, wie folgt:

Lieber Graf Suworow!

Mir werden diejenigen wichtigen Dienste in meinem Andenken fortan eingeschlossen verbleiben, die von Ihnen meinem Erzhaus in dem Laufe des sich endigenden Kriegs, geleistet worden sind. Ich nehme dahero den Inhalt Ihres mir zugekommenen Schreibens vom 8ten des laufenden Monats, mit einem ganz besondern gnädigsten Wohlgefallen auf, da ich von der Aufrichtigkeit Ihrer Gesinnungen und Ergebenheit überzeugt bin. Sie können angegen versichert seyn, daß jede Gelegenheit mir immer sehr angenehm seyn wird, wo ich Kennzeichen meiner vorzüglichen guten Neigung Ihnen empfinden machen kann; mit der ich bin

Ihr

Wien,
den 25. Nov. 1790.

wohl affektionirter
Leopold.

Den

Den folgenden Monat (Januar 1791.) verreiste der Graf nach St. Petersburg, wo er sehr gut von Sr. Majestät aufgenommen wurde. Bald darauf wurde er zum Obristlieutenant der Breobraschenskischen Garde ernannt, und eine große Medaille sowohl in Gold als Silber auf seine letztern Siege geprägt.

Sie-

Siebenter Abschnitt.

Inhalt.

Die Schweden hatten im vorhergehenden Jahre Frieden geschlossen, da aber der Türkenkrieg noch nicht zu Ende war, so wurden sie von auswärtigen Cabinets aufgemuntert, denselben wieder zu brechen; — was aber nachher nicht statt fand.

Suworow sollte die Truppen in Finnland kommandiren, und er erhielt eigenhändigen Befehl der Kaiserin, die dortigen Grenzen zu bereisen, und ein Befestigungsprojekt einzugeben. In weniger als vier Wochen kam er zurück, überreichte seine Rapports,

ports, und reiste bald darauf wieder dahin ab, um
an der Befestigung der Grenzen Hand anzulegen.

Der Fürst von Nassau-Siegen, Admiral en
Chef der am finnländischen Ufer liegenden Flotte,
war mit Erlaubniß der Monarchin, zu den franzö-
sischen Prinzen an den Rhein abgereist, um gegen
die Unruhen in Frankreich zu dienen, und nach seiner Abreise wurde dem Grafen das Kommando derselben, nebst dem der Landtruppen, übergeben.

Sie bestand aus acht Ruder-Fregatten, sechs
Schebecken, einem Bombardir-Cutter, einer Jagd,
100 Kanonirbooten und neun Wasserbatterien, zusammen mit 850 Kanonen besetzt; die Komman-
deurs waren, Contre-Admiral Traversoy, und
Generalmajor Herrmann. — An Land- und See-
truppen zusammen, hatte der Graf 25,000 Mann
unter seinen Befehlen.

Dieses und des folgenden Jahres überwinterte
ein Theil dieser Flotte in den südlichen Häfen, der
andere verblieb in dem neuen Hafen Rotschowhalm,
an der Schwedischen Grenze. Des Sommers aber

freuzte

kreuzte auf der Höhe eine Segelflotte, wie auch ein
Theil dieſer Ruder=Eskadre an den Ufern.

Da kurz nach dem Frieden mit Schweden, der
ſogenannte dicke Thurm in Neuſchlott in die Luft
ſprang, ſo nahm der Graf Maaßregeln ihn wieder
herzuſtellen. Er wurde zu einer dicken Baſtion
umgeändert, mit Ober= und Horizontalfeuer.

Gegen den an Schweden grenzenden Kymen=
fluß, legte er die kleine Feſtung Parta, das Fort
Oſirnoi, die Feſtung Utti, das Fort Likola und die
Hauptfeſtung Kümen=Gorod an. Letzteres deckt
von der Landſeite den ſchönen Hafen Rotſchershalm,
aus vielen Inſeln beſtehend, und der von keiner
Seite kommandirt wird, und dadurch das gegen=
ſeitige ſchwediſche Sweaburg ſehr übertrifft. Alle
dieſe kleinen Inſeln wurden ſorgſam befeſtigt, auch
in einiger Entfernung in der See auf einer Sandbank
der ſteinerne Thurm Gloria, mit 60 ſchweren Kano=
nen errichtet, für den ganzen Hafen aber über 900
derſelben beſtimmt. — Die Monarchin bewillkommte
den Grafen bey ſeiner Zurückkunft mit dem Kompli=
ment: „er habe ihr einen neuen Hafen geſchenkt.‟

Der

Der Friede mit den Türken war im Decemb. 1791 durch den Grafen Besborodko zu Jassy geschlossen worden (wenige Monate vorher war Fürst Potemkin nahe bey jener Stadt gestorben); zufolge dieses Friedensschlusses, mußte die Pforte an Rußland Okzakow mit seinem Distrikt bis an den Dniester abtreten. Dieser Verlust war den Türken um so empfindlicher, da sie bey Ausbruch des Kriegs die Crimm wieder zu erobern sich schmeichelten, welches aber fehlschlug.

Dieser demüthigende Irrthum und die Aufwiegelung der Franzosen, die sich in die Sache mischten, und den Türken — den Zeitungen zufolge — durch Semonville, eine ansehnliche Flotte und Landungstruppen für das folgende Jahr versprachen, veranlaßte, daß man von russischer Seite Anstalten machte, sich auf der Grenze in Bereitschaft zu halten, und Suworow wurde zu dem Ende Ausgang 1792 in jene Gegenden abgeschickt, und ihm das Kommando der Truppen in den dreyen Gouvernements Ekaterinoslaw, der Crimm und den neueroberten Ländern bis an den Ausfluß des Dniesters aufgetragen. Er nahm sein Hauptquartier in Cherson, wo er sich gegen zwey Jahre aufhielt. Brief

Brief Sr. Majestät der Kaiserin bey Gelegenheit der Friedensfeyer:

Graf Alexander Wasilowitsch.

Da wir uns am Tage der Friedensfeyer der Verdienste und Thaten erinnern, womit Sie sich hervorgethan haben, so begnadigen Wir sie mit einem Lob-Gnadenbrief, in welchem wir alle von Ihnen gezeigte tapfern Thaten, und die von Ihnen vollendeten Vertheidigungs- und Festungswerke im Laufe Ihres vieljährigen und allezeit ruhmvollen Dienstes, niederschreiben. Zum Zeugnisse aber unsers Zutrauens gegen Sie, und in Rücksicht auf Ihre Kenntnisse und Einsichten, vertrauen wir Ihnen einen Kriegsorden des heiligen Georgs von der zweyten Klasse an, womit Sie nach Ihrer Wahl denjenigen auszeichnen mögen, den Sie in der Kriegskunst und Tapferkeit für den Würdigsten halten werden. Ueberdies überschicken wir Ihnen zum Zeichen unsers Kaiserlichen Wohlwollens einen Ring und Achselband q).

St. Petersburg,   Katharina.
den 7. Septemb. 1793.

---

q) Man schätzt den Werth dieser beyden Stücke auf 60,000 Rubel.

Nachricht für den Buchbinder.

Der Plan von Kinburn wird zwischen Seite 18 und 19 gebunden, und die Erklärung der Zeichen gleich dahinter.

Das Kupfer Nro. 9. wird gegen Seite 25. gebunden.

Das Kupfer Nro. 10. wird gegen Seite 50. gebunden.

Der Plan der Schlacht bey Foxhani wird gegen Seite 64. gebunden, und die Erklärung der Zeichen gleich dahinter.

Das Kupfer Nro. 11. wird gegen Seite 69. gebunden.

Der

Der Plan der Schlacht bey Rymnik wird gegen Seite 81. gebunden; die Erklärung der Zeichen gleich dahinter.

Das Kupfer Nro. 12. wird gegen Seite 92. gebunden.

Das Kupfer Nro. 13. und der Plan des Stumns und der Einnahme von Jemail wird gegen Seite 136. gebunden, und die Erklärung der Zeichen gleich dahinter.